はじめに

　保育所は人が生まれて、親から離れて過ごすことになる最初の場です。子どもにとっては、社会とのつながりを持つ始まりの場は保育所になるともいえるでしょう。そのなかで、保育士の1番の役割は子どものさまざまな体験や活動に寄り添い、その成長を支えることにあるのではないでしょうか。

　医療や心理の研究が加速度的に進歩するなかで、乳幼児期は子どもの成長の土台となる最重要期と位置付けられ、保育所での活動にも期待されることが増え、保育所保育指針においても、さまざまな表現で明記されるようになっています。

　また、保育所は長い間、共働きなど諸事情により家庭での保育に欠けると判断された子どもが措置される、児童福祉施設として位置付けられてきた歴史があります。保育士はそこで生活する子どもだけではなく、時にはその家族とも信頼関係を構築しながら子どもの育ちに関わってきました。これについても、保育指針の改訂に伴い、保護者支援として明記されるようになりました。

　ただ、時代の流れに伴い、社会の価値観、核家族化や地域社会の変容に伴う家庭での子育てのあり方、保護者の就労状況など保育を取り巻く状況も大きく変化するなかで、保育自体も多様化、複雑化している状況にあります。

　そのような状況のなか、保育士に求められる役割は年々増加し、その責任も重いものとなっています。

　一方、劣悪な労働環境が引き起こすさまざまな問題が顕在化するなかで、ワークライフバランスを整える必要性が認知され、労働基準法等も改正され、事業者の法令遵守が厳しく求められている点は保育所も変わりありません。しかしながら、保護者のさまざまな働き方に対応するために保育が長時間化し、多様化する保育ニーズに応えるために業務が複雑かつ煩雑になるなかで、多くの保育士が悩みを抱え、時に離職を決断するまでに追いつめられるケースが増えていると感じられます。

　本来、子どもの成長を間近で見守り、その喜びを保護者と分かち合う保育の仕事は、責任が重く、肉体的にも精神的にも厳しい反面、尊くやりがいのある仕事でもあるはずです。

　保護者はもちろん、地域や社会からも当然の如く求められる保育の質を向上させるためには、経験豊かな保育士が、積み重ねた保育理念や経験、保育技術を若い世代に伝えることが大切な要素と考えられます。

　働き方改革関連法案で可決された法令が順次施行されるなかで、東社協保育部会調査研究委員会では、保育士がやりがいを感じるとともに、ワークライフバランスが整い、より長く続けることのできる職種として認知されるために必要なこと、解決すべき課題をあぶりだし、提言へと繋げていきました。

　アンケート実施にあたっては、日々忙しく、さらには新型コロナウイルスへの対応という新たな問題に直面するさなか、800名を超える保育士から協力をいただき、貴重な意見をいただきました。そして調査からは、テーマである保育士の働き方改革とは自身の生活の向上よりも、子どもの健全な成長を願い、最善の利益を確保するために必要と考える多くの保育士の熱い思いに触れることができました。

　改めて、日々保育に奮闘する保育士の皆様方に敬意を表するとともに、ご協力いただいた都内認可保育所の皆さまに感謝申し上げます。

　そして、子どもの最善の利益を願い、成長を支える保育士の社会的地位が向上し、今以上に素晴らしい仕事と認知され、さまざまな形で保育士の働き方が改善していくために、本報告書がその一助として活用されれば幸いです。

東京都社会福祉協議会保育部会
調査研究委員会委員長　　増澤正見

「保育園における働き方改革と保育実務の実態」調査報告書　目次

第二章　座談会

第三章　総　括

第四章　資料編

本調査研究事業について

1　調査研究委員会における検討の推移

　東京都社会福祉協議会保育部会（以下、「東社協保育部会」という）は東京都内の公立・私立保育園約1,472園（令和3年2月調査実施）を会員として構成しています。東社協保育部会に設置される調査研究委員会では、平成31年～令和3年度の3か年を実施期間として、東社協保育部会会員保育園を対象とした「保育園における働き方改革と保育業務の実態」調査に取り組みました。

　調査研究委員会はおおむね毎月開催し、調査票の設計、調査結果の分析、報告書の作成を委員が相互に分担しました。

2　調査研究委員会における検討の様子

日時及び会場	主な議題
平成31年4月18日（木） 14：00～17：00 飯田橋セントラルプラザ12階 D会議室	1　委員自己紹介 2　平成31年度調査研究テーマの設定ついて
令和元年5月16日（木） 14：00～17：00 飯田橋セントラルプラザ12階 D会議室	1　令和元年度調査研究方テーマの設定について 2　調査方法等検討 3　情報交換
令和元年6月20日（木） 14：00～17：00 飯田橋セントラルプラザ12階 D会議室	1　「保育園における働き方改革と保育業務の実態」 　　調査方法、助言者、課題・仮説・事例等について 2　情報交換
令和元年7月18日（木） 14：00～17：00 飯田橋セントラルプラザ12階 D会議室	1　助言者の設定有無について 2　調査票項目について 3　今後のスケジュール 4　情報交換
令和元年9月19日（木） 14：00～17：00 飯田橋セントラルプラザ4階 都民連会議室	1　委員各園でのプレ調査報告 2　調査項目の検討・助言者の有無・今後のスケジュールについて 3　情報交換
令和元年10月18日（木） 14：00～17：00 東京都左官工業協同組合 貸会議室	1　各園でのプレ調査結果に基づいた仮説の検討 2　調査項目の検討 3　情報交換
令和元年11月21日（木） 14：00～17：00 研究社英語センタービル 地下1階16番会議室	1　調査テーマに基づく各園での聞き取り内容報告 　　「行事の準備対応」等 2　仮説の検討 3　情報交換

日時及び会場	主な議題
令和元年 12 月 20 日（木） 14：00～17：00 東京都左官工業協同組合 貸会議室	1　調査テーマに基づく各園での聞き取り内容報告 2　仮説の検討 3　情報交換
令和 2 年 1 月 16 日（木） 14：00～17：00 飯田橋セントラルプラザ 12 階 D 会議室	1　調査テーマに基づく各園での聞き取り内容報告 2　仮説の検討 3　情報交換
令和 2 年 2 月 20 日（木） 14：00～17：00 飯田橋セントラルプラザ 12 階 D 会議室	1　各園での聞き取り内容報告 　「20 年間以上保育士を続けている職員への聞き取り『続けてきてよかったこと、保育士のやりがい』等」 2　今後の検討事項について
※令和 2 年 4 月～7 月はコロナにより休会	
令和 2 年 9 月 17 日（木） 14：00～17：00 Zoom によるオンライン会議	1　「保育園における働き方改革と保育業務」 　昨年度までの進捗状況振り返り 2　各園のコロナウイルス感染症対応等情報交換
令和 2 年 10 月 15 日（木） 13：00～15：00 Zoom によるオンライン会議	1　オンライン会議での今後の進め方確認 2　情報交換
令和 2 年 11 月 19 日（木） 10：00～12：00 Zoom によるオンライン会議	1　アンケート項目検討 2　令和 3 年度の活動計画 3　情報交換
令和 2 年 12 月 17 日（木） 14：00～16：00 Zoom によるオンライン会議	1　アンケート項目確認 2　今後のスケジュール確認 3　情報交換
令和 3 年 1 月 14 日（木） 10：00～12：00 Zoom によるオンライン会議	1　アンケート項目最終確認 2　集計方法の確認 3　情報交換
令和 3 年 2 月 1 日～3 月 3 日 「保育園における働き方改革と保育業務」調査実施期間	
令和 3 年 2 月 18 日（木） 14：00～16：00 Zoom によるオンライン会議	1　調査進捗状況、単純集計回答状況確認 2　今後のスケジュールについて 3　情報交換
令和 3 年 3 月 15 日（月） 15：00～17：00 Zoom によるオンライン会議	1　報告書作成に向けたまとめ方や分析方法について 2　今後のスケジュールについて 3　情報交換
令和 3 年 4 月 15 日（木） 14：00～16：00 Zoom によるオンライン会議	1　（改選に伴う委員の交代による）委員自己紹介 2　調査経過報告 3　情報交換
令和 3 年 5 月 20 日（木） 14：00～16：00 Zoom によるオンライン会議	1　問 10「時間外勤務の理由」回答結果のカテゴリ分け作業 2　情報交換
令和 3 年 6 月 17 日（木） 14：00～16：00 Zoom によるオンライン会議	1　グループに分かれて回答結果のカテゴリ分け作業 　A問 17「保護者対応に悩まされることが頻繁に生じ負担になっている」方の対処方法 　B問 13「家に仕事を持ち帰ることがある」と回答した方の持ち帰り業務内容 　C問 16「保護者対応に悩まされることが頻繁に生じ負担になっている」と回答した方が悩まされている内容 2　情報交換

日時及び会場	主な議題
令和3年7月8日（木） 9：30〜12：30 Zoomによるオンライン会議	1　グループに分かれて回答結果のカテゴリ分け作業 　A問19「行事の準備や運営についてどのようなことになやまされるか 　問20「行事の準備や運営についての悩み」の対処方法 　B問10「時間外勤務になる」方の理由 　問21「園児の安全管理で日々最も注意を払っているのはどの場面か」 　C問23「計画書の作成について」悩まされる内容 　問24「計画書の作成について」悩まれている方の対処法 2　情報交換
令和3年9月16日（木） 14：00〜17：00 Zoomによるオンライン会議	1　グループに分かれて回答結果の分析作業 　A問27「ICT導入により負担が軽減している」と回答した肯定／否定意見の分けと課題 　B問29「職場の人間関係についてどのようなことで悩まされるか」 　問30「職場の人間関係で悩まされるときの対処法」 　C問31「コロナ対策で不安に感じていること」事柄とその理由の傾向
令和3年10月21日（木） 14：00〜17：00 Zoomによるオンライン会議	1　グループに分かれて回答結果の分析作業 　A問32「コロナ対策で課題と感じられること」代表的な意見と回答結果を踏まえたコメント作成 　B問1、2、4「保育士を志したきっかけ」、「働く前の保育士イメージ」、「イメージとのギャップ」カテゴリ分け作業後コメント作成 　3「働く前に持っていたイメージとのギャップ」からコメント作成 　C問5〜8「負担に感じること」、「休憩時間の実態」、「事務にかかる時間の確保実態」、「ノンコンタクトタイムの確保実態」からコメント作成
令和3年11月18日（木） 14：00〜17：00 Zoomによるオンライン会議	1　クロス集計の項目に関する意見出し 2　グループに分かれて回答結果の分析作業 　A問9、11「時間外勤務になることがあるか」、「時間外勤務をしている」方の1か月平均の時間外勤務結果に基づくコメント作成 　B問18、22「行事の準備や運営について」、「計画書の作成について」の回答結果に基づくコメント作成 　C問3、15「保育士として働く前に持っていたイメージとの差」、「保護者対応について」の回答結果に基づくコメント作成
令和3年12月16日（木） 14：00〜17：00 Zoomによるオンライン会議	1　グループに分かれて回答結果の分析作業 　A問6「休憩時間の確保実態」 　　①運営主体別、②記入者別、③役職別のクロス回答結果に基づくコメント作成 　B問7「日常業務の中で事務に係る時間」 　　①運営主体別、②記入者別の回答結果に基づくコメント作成 　問8「ノンコンタクトタイムの確保実態」 　　①運営主体別、②記入者別の回答結果に基づくコメント作成 　C問8「持ち帰りの仕事時間」 　　①運営主体別、②経験年数別の回答結果に基づくコメント作成 　問11「時間外勤務の月平均時間」 　　①運営主体別、②経験年数別の回答結果に基づくコメント作成

日時及び会場	主な議題
令和4年1月20日（木） 　　　　14：00～17：00 Zoomによるオンライン会議	1　全体での作業 問33「今後も保育士として働き続けることへの課題」の回答結果から報告書掲載候補出し 問25「自園ではICT化によりシステム導入などしているか」の回答結果を踏まえたコメント作成 問26「ICT化により業務は効率化し、負担軽減したと感じるか」の回答結果を踏まえたコメント作成
令和4年2月17日（木） 　　　　14：00～17：00 Zoomによるオンライン会議	1　全体での作業 問33「今後も保育士として働き続ける事への課題」回答結果を踏まえたコメント作成
令和4年3月17日（木） 　　　　14：00～17：00 Zoomによるオンライン会議	1　全体での作業 問33「今後も保育士として働き続ける事への課題」の回答結果を踏まえた座談会 【討議の柱】 ①配置基準について ②社会的地位の向上・誇り・責任 ③コミュニケーション（職員メンタルフォローや保護者対応）
令和4年4月21日（木） 　　　　14：00～17：00 Zoomによるオンライン会議	1　全体での作業 3月実施　座談会原稿添削作業
令和4年5月19日（木） 　　　　14：00～17：00 Zoomによるオンライン会議	1　全体での作業 （1）3月実施　座談会原稿添削作業 （2）提言の作成

調査実施のあらまし

> 　近年働き方改革が推進される一方で、保育現場に求められる業務は増加し、現場では「働き方改革」に取り組むことの困難さを感じている。
> 　東社協保育部会として、保育士の業務の実態を調査し明らかにすることで、今後の配置基準の見直しや保育士の地位向上に向けた提言に結びつけていくことを目的としてアンケート調査を実施した。

1　調査名

「保育園における働き方改革と保育業務の実態に関する調査」

2　調査時期

2021年（令和3年）2月1日〜3月3日

3　調査対象

東社協保育部会会員園 1,472 か所

4　調査項目概要

（1）保育士を志したきっかけや働く前に持っていたイメージ
（2）事務時間や休憩時間、ノンコンタクトタイム確保の実態
（3）業務上・職場での困難に感じる事例とその対処法
（4）今後も保育士として働き続ける事への課題

5　実施方法

（1）調査票の送付：質問票を郵送にて送付
（2）Web および返信用封筒を活用した文書による回答

6　回答状況

回答率は 56.8％（837 か所）
※地域別、設置主体別、規模別、回答者の役職別、回答者の経験年数別の傾向を、以下の表 1-1 〜 1-5 に示す。

なお、地域別については、23区内を「区部」、市、町、村をまとめて「市町村部」とした。
　設置主体別については、公設公営の保育所を「公立」、公設民営の保育所を「公設民営」、私営の保育所を「私立」とした。
　子どもの数別については、50名以下を「小規模」、51～100名以下を「中規模」、101名以上を「大規模」としてまとめた。
　回答者別については、本調査の主な対象は現場職員としているため「園長」や「副園長」の項目は設けていない。回答者がいた場合には「その他」としてカウントしている。また該当表の下に注書きでも記しているが、クラス担任保育士でも、異年齢クラスの担当や兼務の場合には「その他」で回答している。

表1-1　地域別

内　容	全体 (n＝837)	
	実数	％
区　部	549	65.6%
市町村部	282	33.7%
無回答	6	0.7%

表1-2　設置主体別

内　容	全体 (n＝837)	
	実数	％
公　立	255	30.5%
私　立	516	61.6%
公設民営	57	6.8%
無回答	9	1.1%

表1-3　子どもの数別

内　容	全体 (n＝837)	
	実数	％
小規模（50名以下）	57	6.8%
中規模（51～100名以下）	368	44.0%
大規模（101名以上）	387	46.2%
無回答	25	3.0%

表1-4　回答者役職別

内　容	全体 (n＝837)	
	実数	％
主　任	171	20.4%
副主任	71	8.5%
リーダー	70	8.4%
担　任	345	41.2%
フリー	49	5.9%
その他※	72	8.6%
無回答	59	7.0%

※その他の回答者は異年齢クラス担任や、複数クラスの兼務などが主

表1-5　回答者経験年数別

内　容	全体 (n＝837)	
	実数	％
1年以下	37	4.4%
2年～5年未満	93	11.1%
5年～8年未満	102	12.2%
8年以上	537	64.2%
無回答	68	8.1%

注釈：割合について
　本報告書に掲載している表の割合（％）については、小数点第2位を四捨五入している。このため、合計が100%とならない場合がある。

第1章

「保育園における働き方改革と保育業務の実態」
に関する調査結果

Ⅰ　本調査の結果と考察（単純集計・クロス集計）

第1章

「看護職にかかわりあう中で見出す看護業務の実態」
に関する調査結果

1. 本調査の結果と考察（単純集計・クロス集計）

I 本調査の結果と考察（単純集計・クロス集計）

1　本調査の結果と考察（単純集計）

問1　保育士を志したきっかけ

※本設問への回答は自由記述であり、その回答件数は 824 件であった。回答の分析を行う上で、キーワードを拾い、下記の通り 10 個のカテゴリを設定した。

　1 件の回答の中に、複数のカテゴリに振り分けられるキーワードが入っている場合があるため、全体の回答数が 934 件と実数より多くなっている。

（n = 824　複数回答）

	カテゴリ	回答数	％
	カテゴリ	934	―
1	子どもが好き	226	27.4
2	あこがれ・夢	168	20.4
3	幼少期の体験から	151	18.3
4	子ども支援に関心がある・学びたい	114	13.8
5	身近な人の姿を見て・家族が保育士	83	10.1
6	職場体験・ボランティア・アルバイト・実習	80	9.7
7	社会に貢献したい	45	5.5
8	進学先での専攻分野	27	3.3
9	得意分野を生かしたい	21	2.5
10	勧められて（親・先生など）	19	2.3

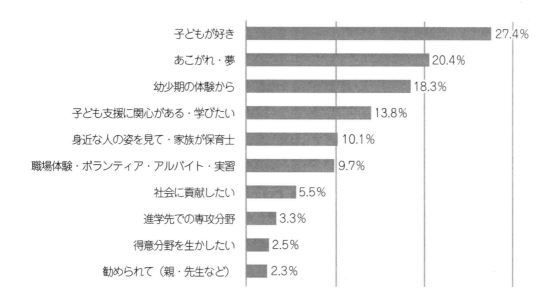

回答の中で１番多かったのが、「子ども」が好きというもの。第２番目は小さい頃からの夢・あこがれ。３番目は、幼少期の体験から保育を志したという結果になっている。

　保育士という仕事が身近な存在としてあり、幼児期にとっては、魅力のある仕事と映っているのではないか。

　この他、子どもに関心をもち、支援・援助を学ぶことにつながったり、職場体験・ボランティア・アルバイト・実習により、保育の職場を体験して入職したという回答や、身近な人が保育関係者であったことも理由として上げる方も多かった。

　また、保育士を志す思いの中で、奉仕の精神、社会に貢献したいという思いを持っている方も多いことが読み取ることができる。

問2　保育士として働く前に「保育士」にどのようなイメージを持っていたか

※本設問への回答は自由記述であり、その回答件数は821件であった。回答の分析を行う上で、キーワードを拾い、下記の通り13個のカテゴリを設定した。

　1件の回答の中に、複数のカテゴリに振り分けられるキーワードが入っている場合があるため、全体の回答数が890件と実数より多くなっている。

（n = 821　複数回答）

	カテゴリ	回答数	%
		890	―
1	明るく楽しい・優しく包容力がある	308	37.5
2	子どもと一緒に遊び過ごす	233	28.4
3	子どもの成長を促す・見守る	92	11.2
4	母親のように愛情を注ぐ	56	6.8
5	マイナスイメージ（例：忙しそう・地味・低賃金など）	53	6.5
6	やりがいがある	38	4.6
7	専門性が高い	31	3.8
8	人間関係が大変そう	21	2.6
9	子どもの命を預かる責任のある仕事	18	2.2
10	体力仕事	14	1.7
11	保護者支援	12	1.5
12	ピアノが上手	9	1.1
13	教育	5	0.6

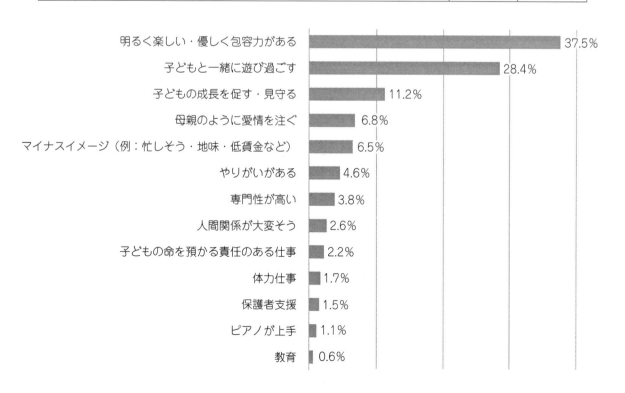

１番多い回答は、明るい・優しい・笑顔などというとても良いイメージを持っていること
が分かる。回答の２番目以降もプラスの印象にある傾向が見てとれるが、働く前にすでにマ
イナスのイメージを持って就職する職員も少数ながらいることが分かる。

問3　保育士として実際に働く中で、働き始める前に持っていた「保育士」のイメージと比べて差があったか

（n = 837）

		回答数	％
	全　体	837	100.0
	無回答	11	1.3
1	はい	563	67.3
2	いいえ	263	31.4

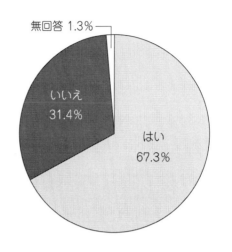

無回答 1.3%
いいえ 31.4%
はい 67.3%

　「あなたが保育士として実際に働くなかで、働き始める前に持っていた「保育士」のイメージと比べて差がありましたか。」との問いに対して「はい」が67.3％であり保育士という職業イメージと実際の差異が読み取れる。

問4　問3で「1. はい」と回答した方は具体的にどのような点でその差を感じたか

※本設問への回答は自由記述であり、その回答件数は565件であった。回答の分析を行う上で、キーワードを拾い、下記の通り13個のカテゴリを設定した。
　1件の回答の中に、複数のカテゴリに振り分けられるキーワードが入っている場合があるため、全体の回答数が765件と実数より多くなっている。

（n＝565　複数回答）

	カテゴリ	回答数	％
		765	—
1	事務仕事の多さ	179	31.7
2	保護者対応・保護者支援の難しさ	139	24.6
3	仕事量の多さ	114	20.2
4	専門性が高い	102	18.1
5	人間関係・コミュニケーションの難しさ	75	13.3
6	責任の重さ（命を預かる・人間形成）	58	10.3
7	肉体的にも精神的にも厳しい	32	5.7
8	楽しいだけと思っていた	16	2.8
9	怪我対応や思わぬ事故（目が離せない）	15	2.7
10	やりがいがある	11	1.9
11	常に穏やかな気持ちでいることは難しい	9	1.6
12	労働に見合わない賃金	8	1.4
13	体制や行事等で休みづらい	7	1.2

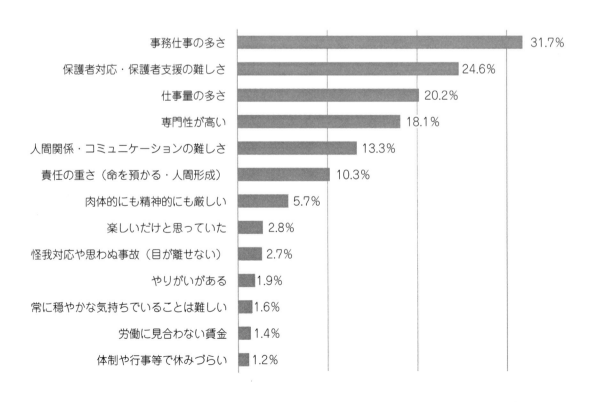

　保育士として働く前に持っていた保育士のイメージは、問 2 の回答結果より、「子ども好き」、「夢・憧れ」などが多かったが、「子ども達とのふれあい」以外の業務に対してイメージとの差が生じた大きな要因となっているように読み取れる。

　認可保育園は福祉施設としての確かな専門知識と共に、PDCA により保育の質を確保しながら、子どもたちに接するという状況にあるため、前頁で上がった項目がギャップとして出てきたと思われる。

　1 番多かった回答は、事務仕事の多さ、2 番は保護者対応、3 番は仕事量の多さ、4 番目は専門性の高さとなった。子どもの命を預かるということの重大さ、責任が大きい仕事であることを感じるとともに、多様多量の業務にギャップを感じているのが分かる。

　自由記述の分析の中には、「精神的に大きな負担を感じることがある」という意見もあった。保育士は人を支援する立場ではあるが、重労働が続くことで保育士自身の気持ちが折れてしまうことも危惧される。保育士側も支援を必要としている状況にあり、そのような時にサポートしてもらえる制度が必要ではないかと危機感を感じる結果となった。

I

問5 あなたが保育士として働くなかで、負担に感じることはありますか。そう感じる上位5つを回答してください。

※本設問は回答者がカテゴリの中から原則5つずつ回答を選択しているため、全体の回答数が3,622件と実数より多くなっている。

（n＝837　複数回答）

	カテゴリ	回答数	％
	カテゴリ	3,622	―
1	［保護者とのかかわり］コミュニケーションの難しい保護者対応	582	69.5
2	［子どもたちとのかかわり］怪我や事故を防ぐための保育中の対応	400	47.8
3	［職員とのかかわり］職場の人間関係	375	44.8
4	［保育の準備や事務］行事の準備や運営	351	41.9
5	［保護者とのかかわり］怪我や事故発生時の保護者対応	330	39.4
6	［保育の準備や事務］計画書の作成	266	31.8
7	［職員とのかかわり］職員のケア	197	23.5
8	［保育の準備や事務］要録の作成	196	23.4
9	［職員とのかかわり］新人教育	174	20.8
10	［保育の準備や事務］会議・打合せ	149	17.8
11	［環境整備］園内の清掃・消毒	138	16.5
12	［保護者とのかかわり］体調管理に関する保護者対応	105	12.5
13	［保育の準備や事務］事故簿やヒヤリハット等記録の作成	84	10.0
14	［保育の準備や事務］掲示物の作成	60	7.2
15	［保育の準備や事務］連絡ノートの記入	55	6.6
16	［子どもたちとのかかわり］体調管理に関する保育対応	46	5.5
17	［保護者とのかかわり］登園・降園児のコミュニケーション	42	5.0
18	［保護者とのかかわり］お便りや連絡ノートでのやり取り	39	4.7
19	無回答	33	3.9

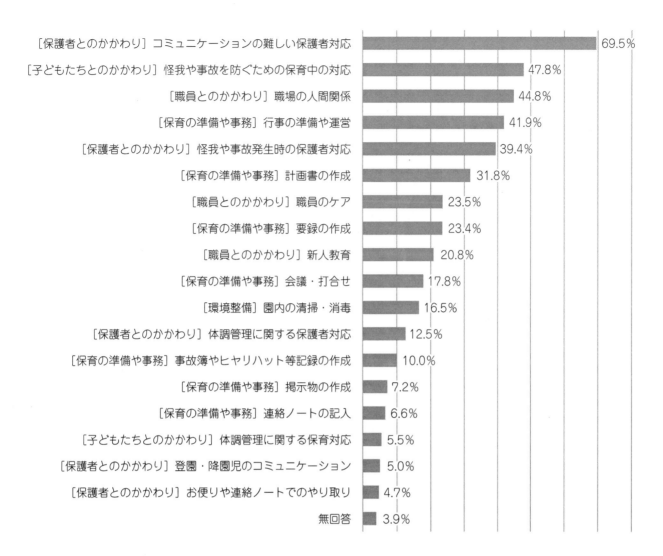

保育士として働く中で負担に感じることの回答の中では、コミュニケーションが難しい保護者の対応が1番多い結果（69.5%）となった。2番目は、怪我や事故を防ぐための保育中の対応、3番目は職場の人間関係となっており、この項目が40%台ということを考えると、保護者対応がいかに負担となっているかがわかる。保育士が「対人支援の仕事」であるにも関わらず、保護者対応や職場の人間関係が負担の要因の上位となった。

問6　日常、休憩時間はどの程度取れているか

【規定上】［＿分／1日］（n＝837）

	回答数	％
全　体	837	100.0
無回答	19	2.3
平均値		52.52（分）
標準偏差		8.58
最小値		15.00（分）
最大値		75.00（分）

【実態】［＿分／1日］（n＝837）

	回答数	％
全　体	837	100.0
無回答	38	4.5
平均値		34.52（分）
標準偏差		17.71
最小値		0.00（分）
最大値		60.00（分）

　休憩時間に関しての「規定上」と「実態」の差異が明確に読み取れる。平均値は規定上おおよそ53分となっているが、実態は35分で、規定と実態では18分の違いがあった。実態の最小値で休憩時間が0分という回答もあり、実務の上で休憩時間の確保が難しいことが読み取れた。

問7　日常業務の中で「事務にかかる時間」をどの程度確保できているか

（n ＝ 837）

		回答数	％
	全　体	837	100.0
1	45分〜1時間程度／日	194	23.2
2	30分〜45分程度／日	181	21.6
3	1時間30分以上／日	174	20.8
4	1時間〜1時間30分程度／日	148	17.7
5	30分未満程度／日	119	14.2
	無回答	21	2.5

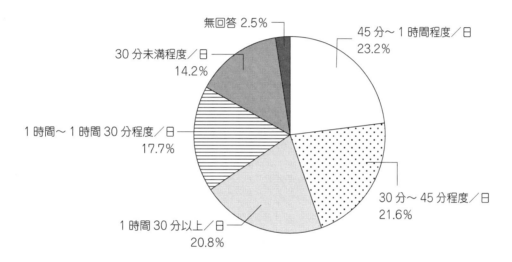

　事務に係る時間についての回答の中では、45分〜1時間程度が1番多い結果で23.2％となった。5つの回答は概ね20％前後と均等で、事務時間確保については園ごとの多様性が感じられる。

問8 業務時間中に子どもから離れる「ノンコンタクトタイム」はどの程度確保できているか

（n = 837）

		回答数	%
	全　体	837	100.0
1	30 分未満程度／日	321	38.4
2	30 分～45 分程度／日	157	18.8
3	1 時間 30 分以上／日	149	17.8
4	45 分～1 時間程度／日	109	13.0
5	1 時間～1 時間 30 分程度／日	78	9.3
	無回答	23	2.7

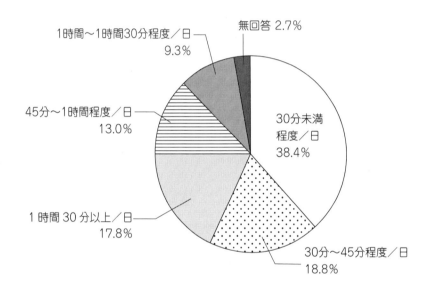

　「ノンコンタクトタイム」は 30 分未満程度が 38.4％と 1 番多く、1 時間程度まで含めると 70.2％となる。

　なお、1 時間以上だけでみると 27.1％となり、30 未満程度との職務による二極化をみてとることができた。今回のアンケートでは、新型コロナウイルスの影響で子どもと一緒の給食がなくなったなどの要件もあるが、保育園業務での時間の確保という課題もうかがえた。

問9　時間外勤務になることがあるか

（n = 837）

		回答数	％
	全　体	837	100.0
1	は　い	696	83.2
2	いいえ	135	16.1
	無回答	6	0.7

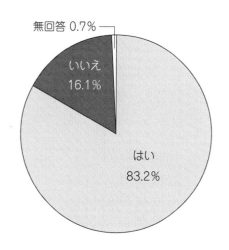

　83.2％が時間外勤務になることがあると回答している。この設問の回答だけでは、業務命令によるものか自主的な時間外勤務なのかまでは読み取れないが、保育士の大半が時間外勤務になる現状は、保育士のワークライフバランスを考える上で、まだまだ改善すべき大きな課題である。

I

問10　問9で「はい」と回答した方は、どのような理由で時間外勤務になることが多いか。

※本設問への回答は自由記述であり、その回答件数は696件であった。回答の分析を行う上で、キーワードを拾い、下記の通り9個のカテゴリを設定した。

1件の回答の中に、複数のカテゴリに振り分けられるキーワードが入っている場合があるため、全体の回答数が1024件と実数より多くなっている。

（n = 696）

	カテゴリ	回答数	％
		1024	―
1	事務書類の作成（便り・カリキュラムの作成含む）	435	62.5
2	行事準備	176	25.3
3	保護者対応	154	22.1
4	会議打合せ	105	15.1
5	翌日の保育準備	69	9.9
6	職員の突発的な休みの対応	37	5.3
7	ケガの対応	24	3.4
8	コロナの対応	14	2.0
9	保護者の迎え遅れ	10	1.4

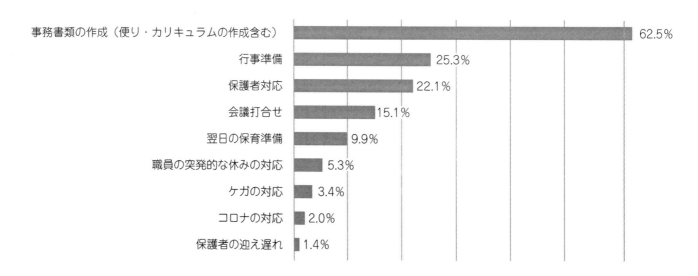

1番多かった意見は、「事務書類の作成（便り・カリキュラムの作成含む）」で435件（62.5％）となった。次に多かったのは「行事準備」で176件（25.3％）、3番目は、「保護者対応」154件（22.1％）であった。上位1・2番目は保育士業務の内容がすでにオーバーワークとなっている理由であるが、3番目の理由「保護者対応」は、スケジュール管理をしていてもイレギュラーな対応となりやすく、また9番目の「保護者の迎え遅れ」と合わせて時間内で済ませられない状況になっていることが読み取れる。

問 11　問 9 で「はい」と回答した方の 1 か月平均時間外勤務

　問 9 において、時間外勤務になることがあるかとの問いに「ある」と回答した 696 人に 1 か月の平均時間外勤務について尋ねた。

　なお、この時間外勤務については、申請の有無にかかわらず勤務時間外となるものについて尋ねたものである。

（n = 696）

	回答数	％
全　体	696	100.0
無回答	60	8.6
平均値	10.63（分）	
標準偏差	10.41	
最小値	0.50（分）	
最大値	70.00（分）	

　平均すると月に 11 時間程度の時間外勤務が発生していることが分かった。週平均に換算すると 3 時間程度となる。

　最大では月 70 時間という回答があり、慢性的に時間外勤務が発生している状況が存在する園があることも分かる。

問12 家に仕事を持ち帰ることがあるか

		回答数	%
全　体		837	100.0
無回答		5	0.6
1	は　い	501	59.9
2	いいえ	331	39.5

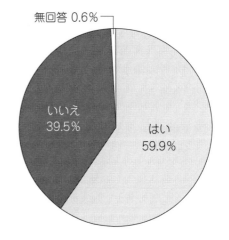

　この問に対する回答は、全体で837件あった。そのうち「家に仕事を持ち帰る」と回答したのは、501件。全体の59.9％が家に仕事を持ち帰ることがあると回答している。このことは、通常の勤務時間で業務が終了しない現状があることが見て取れる。持ち帰り仕事の具体的な内容は、問13（P.19）の自由記述の分析参照のこと。

問13　問12について「1. はい」と回答した方は、どのような業務を持ち帰っているか

※本設問への回答は自由記述であり、その回答件数は501件であった。回答の分析を行う上で、キーワードを拾い、下記の通り10個のカテゴリを設定した。

　1件の回答の中に、複数のカテゴリに振り分けられるキーワードが入っているため、全体の回答数が804件と実数より多くなっている。

（n＝501）

	カテゴリ	回答数	％
	カテゴリ	804	—
1	制作・行事の準備	280	55.9
2	事務（日誌なども含む）	110	22.0
3	カリキュラム作成	108	21.6
4	お便り作成	107	21.4
5	保育の準備	62	12.4
6	シフト作成	44	8.8
7	会議の資料作成・準備	29	5.8
8	児童票・要録作成	28	5.6
9	報告書作成	22	4.4
10	雑務（写真注文・仕分け、買い出しなど）	14	2.8

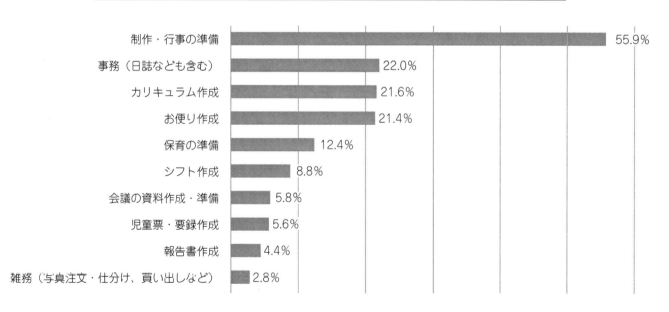

　ICT化が進んでも、制作や行事の準備など、職員が手をかけて取り組むべき業務が占めている。また、カリキュラム作成などにかかる時間は、各職員の取り組み方によって差が生じやすいと考えられる。

問14 問12について「1.はい」と回答した方は、1週間にどの程度仕事を持ち帰っているか

（n = 501）

		回答数	％
	全　体	501	100.0
1	30分〜1時間程度／週	166	33.1
2	30分未満程度／週	122	24.4
3	1時間〜1時間30分程度／週	92	18.4
4	1時間30分〜2時間程度／週	58	11.6
5	2時間以上／週	50	10.0
	無回答	13	2.6

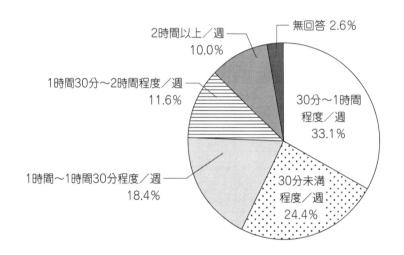

　問12「家に仕事を持ち帰ることがあるか」という問で「はい」と回答した人に対して1週間にどの程度の仕事を持ち帰っているかを尋ねた。
　501件の回答のうち割合としては多くないが週に2時間以上の持ち帰り仕事をしていると回答した人が50人（10％）いたことは、日々の業務時間内に対応しきれない状況が実際にあることが垣間見ることができた。

問15　保護者対応についてあてはまるものはどれか

		回答数	％
	全　体	837	100.0
1	対応に悩まされることはない	105	12.5
2	対応に悩まされるようなことは生じるが、負担になるほどではない	579	69.2
3	対応に悩まされることが頻繁に生じ、負担になっている	133	15.9
4	わからない	15	1.8
	無回答	5	0.6

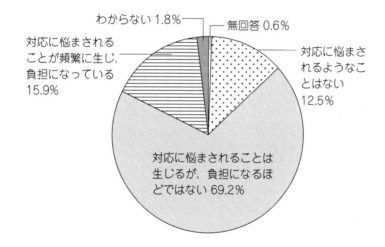

　「対応に悩まされるようなことはない」が12.5％で、残り85.1％が何らかの悩みがあると回答している。しかし「負担かどうか」で見ると81.7％が負担ではないと回答している。悩みの部分だけを切り取れば、保護者対応の難しさが見えてくるが、負担の部分で切り取ると、対応は難しいが負担に感じるほどの事例は少ないようにみえる。

問16　問15について保護者対応に悩まされることがあるかとの問いに「2. 対応に悩まされるようなことは生じるが、負担になるほどではない」、「3. 対応に悩まされることが頻繁に生じ、負担になっている」と回答した方は、具体的にどのような対応に悩まされているか

※本設問への回答は自由記述であり、問15で上記「2」、「3」と回答した712人に対し、具体的にどのような対応に悩まされているかを尋ねたところ、677件の回答があった。回答の分析を行う上でキーワードを拾い、下記の通り12個のカテゴリを設定した。

1件の回答の中に複数のカテゴリに振り分けられるキーワードが入っている場合があるため、全体の回答数が792件と実数より多くなっている。

（n = 677）

	カテゴリ	回答数	％
	カテゴリ	792	—
1	保護者対応（伝え方・コミュニケーション）	267	39.4
2	保護者支援（疾患等がある場合）	91	13.4
3	けが・事故の対応	83	12.3
4	園への要望	74	10.9
5	園の決まり・制度への保護者の声	61	9.0
6	クレーム対応	57	8.4
7	保育に関する相談（子どもの発達関係）	57	8.4
8	トラブル（子ども同士や保護者同士）	53	7.8
9	コロナ関係	36	5.3
10	外国人の言葉かけ対応	7	1.0
11	園の対応について	4	0.6
12	職員へのフォロー	2	0.3

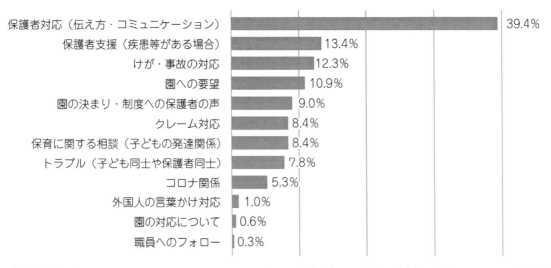

保護者対応（伝え方・コミュニケーション） 39.4%
保護者支援（疾患等がある場合） 13.4%
けが・事故の対応 12.3%
園への要望 10.9%
園の決まり・制度への保護者の声 9.0%
クレーム対応 8.4%
保育に関する相談（子どもの発達関係） 8.4%
トラブル（子ども同士や保護者同士） 7.8%
コロナ関係 5.3%
外国人の言葉かけ対応 1.0%
園の対応について 0.6%
職員へのフォロー 0.3%

　保護者対応時のコミュニケーションに関する回答だけで約4割を占めている。保護者の中には精神疾患等を持つ方もおり、それに伴う対応で困難を感じている場合には、保育士という職種だけでは、専門性の観点から補いきれない面もあると考えられる。

問 17　問 15 について保護者対応に悩まされることがあるかとの問いに「3. 対応に悩まされることが頻繁に生じ、負担になっている」と回答した方は、どのような方法で対処しているか

※本設問への回答は自由記述であり、問 15 で上記「3」と回答した方に対し、どのような方法で対処しているかを尋ねたところ、179 件の回答があった。回答の分析を行う上でキーワードを拾い、下記の通り 4 個のカテゴリを設定した。

　1 件の回答の中に複数のカテゴリに振り分けられるキーワードが入っている場合があるため、全体の回答数が 244 件と実数より多くなっている。

（n = 179）

	カテゴリ	回答数	％
	カテゴリ	244	―
1	保護者とコミュニケーションをとる（面談・説明・連絡帳など）	85	47.5
2	上司（園長・主任・先輩・事務所など）に相談する	66	36.9
3	職員間で共有する・複数で対応する	66	36.9
4	その他	27	15.1

　解決には役職を超えた職員同士の連携が鍵になっていることが読み取れる。

　昨今では、保護者対応が広範囲になり複雑化している。誰か 1 人が抱え込まないような環境を作るためには職員間のコミュニケーションが大切であることが回答からわかる。

問18　行事の準備や運営についてあてはまることはどれか

（n = 837）

		回答数	％
	全　体	837	100.0
1	対応に悩まされることはない	213	25.4
2	対応に悩まされるようなことは生じるが、負担になるほどではない	421	50.3
3	対応に悩まされることが頻繁に生じ、負担になっている	163	19.5
4	わからない	24	2.9
	無回答	16	1.9

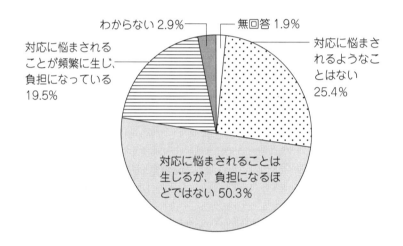

　この問いに関する回答は全体で837件あった。うち「対応に悩まされるようなことはない」と回答したのは231件（25.4％）であった。次に「対応に悩まされるようなことは生じるが、負担になるほどではない」と回答したのは421件（50.3％）と半数を占めていた。このことから、保育の仕事の中で行事の準備や運営はあまり負担に感じていないことが分かる。ただ「対応に悩まされることが頻繁に生じ負担になっている」との回答が163件（19.5％）あった。このことから5人に1人は負担に感じている実態が分かった。

問19　問18について行事の準備や運営について当てはまるものの問に「2. 対応に悩まされるようなことは生じるが、負担になるほどではない」、「3. 対応に悩まされることが頻繁に生じ、負担になっている」と回答した方は、具体的にどのようなことで悩まされているか

※本設問への回答は自由記述であり、問18で上記「2」、「3」と回答した58人に対し、具体的にどのようなことで悩まされているかを尋ねたところ、549件の回答があった。回答の分析を行う上でキーワードを拾い、下記の通り5個のカテゴリを設定した。

　1件の回答の中に複数のカテゴリに振り分けられるキーワードが入っている場合があるため、全体の回答数が628件と実数より多くなっている。

（n = 549）

	カテゴリ	回答数	％
	カテゴリ	628	―
1	コロナウイルス対応	197	35.9
2	行事も含めた園の運営	173	31.5
3	職員間の意思疎通	122	22.2
4	時間確保の対策	93	16.9
5	保護者対応	43	7.8

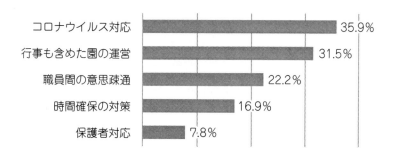

　コロナ対応で行事内容、運営を大きく変化させざるを得なかったことについて、前例がない中で、新しい考え方を模索していったことへの多くの悩みが見られた。

　また行事の担当になった際の負担感は避け難く、職員間でコミュニケーションを取りながら足並みをそろえることの重要性がうかがえる。

問20　問18について行事の準備や運営について当てはまるものの問いに「3. 対応に悩まされることが頻繁に生じ、負担になっている」と回答した方は、どのような方法で対処しているか

※本設問への回答は自由記述であり、問18で上記「3」と回答した方に対し、どのような方法で対処しているかを尋ねたところ、183件の回答があった。回答の分析を行う上でキーワードを拾い、下記の通り7個のカテゴリを設定した。

1件の回答の中に複数のカテゴリに振り分けられるキーワードが入っている場合があるため、全体の回答数が211件と実数より多くなっている。

（n＝183）

	カテゴリ	回答数	％
		211	—
1	職員間の話し合い（みんなで工夫する）	93	50.8
2	上司・関係機関に相談	39	21.3
3	時間外で対応	27	14.8
4	自力で何とかする、創意工夫する	26	14.2
5	コロナ対応の工夫	11	6.0
6	保護者説明	8	4.4
7	対処しない	7	3.8

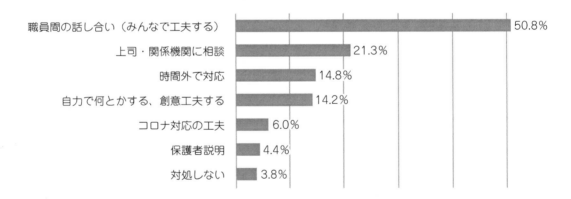

対処法としては、職員間で話し合うという回答が最も多く、50.8％であった。このことは保育という専門性を活かし、みんなで協力する文化が保育者にあることがうかがえる。

そのほか、上司、関係機関に相談する、時間外で対応するという回答順となった。

問21　園児の安全管理について、日々最も注意を払っているのはどのような場面か

※本設問への回答は自由記述であり、その回答件数は799件であった。回答の分析を行う上で、キーワードを拾い、下記の通り19個のカテゴリを設定した。

　1件の回答の中に、複数のカテゴリに振り分けられるキーワードが入っている場合があるため、全体の回答数が1105件と実数より多くなっている。

（n = 799）

	カテゴリ	回答数	％
	カテゴリ	1105	—
1	散歩	156	19.5
2	戸外遊び	114	14.3
3	子ども同士のトラブル	107	13.4
4	環境整備	98	12.3
5	健康管理（感染症対策を含む）	79	9.9
6	屋内遊び	78	9.8
7	不審者	69	8.6
8	午睡対応	59	7.4
9	食事（アレルギー対応を含む）	52	6.5
10	人数確認（場面の切替時など）	47	5.9
11	予防的なこと	46	5.8
12	誤飲、誤食	40	5.0
13	遊具使用時	39	4.9
14	園庭での遊び	37	4.6
15	破損物確認	29	3.6
16	子どもの体調の変化	27	3.4
17	安全管理マニュアル	20	2.5
18	プール、水遊び	7	0.9
19	保護者の管理下の事故	1	0.1

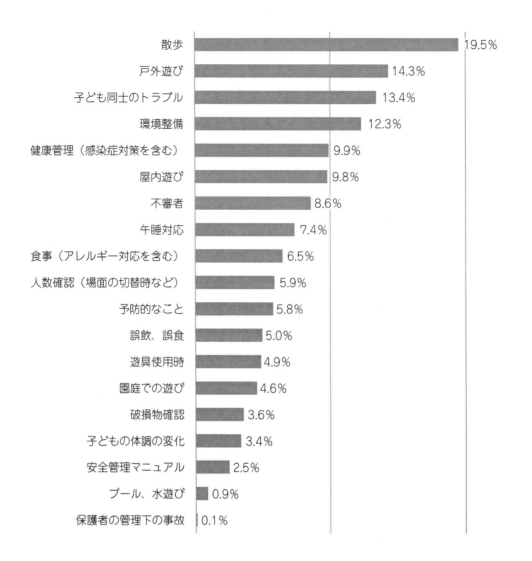

散歩	19.5%
戸外遊び	14.3%
子ども同士のトラブル	13.4%
環境整備	12.3%
健康管理（感染症対策を含む）	9.9%
屋内遊び	9.8%
不審者	8.6%
午睡対応	7.4%
食事（アレルギー対応を含む）	6.5%
人数確認（場面の切替時など）	5.9%
予防的なこと	5.8%
誤飲、誤食	5.0%
遊具使用時	4.9%
園庭での遊び	4.6%
破損物確認	3.6%
子どもの体調の変化	3.4%
安全管理マニュアル	2.5%
プール、水遊び	0.9%
保護者の管理下の事故	0.1%

　どのカテゴリでも回答が一定数あり、戸外活動、場面の切り替え時など、命を預かる意識を持ち、常に緊張感をもって、けがの無いよう安心・安全に気を配っている現状がうかがわれる。

問22　計画書の作成について、あてはまるものはどれか

		回答数	%
	全　体	837	100.0
1	対応に悩まされることはない	370	44.2
2	対応に悩まされるようなことは生じるが、負担になるほどではない	290	34.6
3	対応に悩まされることが頻繁に生じ、負担になっている	122	14.6
4	わからない	33	3.9
	無回答	22	2.6

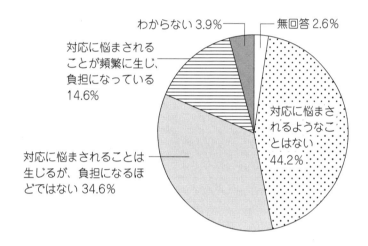

　この問いに関する回答は全体で837件あった。うち「対応に悩まされるようなことはない」と回答したのは370件（44.2％）であった。次に「対応に悩まされるようなことは生じるが、負担になるほどではない」と回答したのは290件（34.6％）であった。「対応に悩まされることが頻繁に生じ負担になっている」との回答が122件（14.8％）にとどまった。予想していたよりは負担感が少ないことが分かった。

問23　問22について計画書の作成について当てはまるものの問に「2. 対応に悩まされるようなことは生じるが、負担になるほどではない」、「3. 対応に悩まされることが頻繁に生じ、負担になっている」と回答した方は、具体的にどのようなことで悩まされているか

※本設問への回答は自由記述であり、問22で上記「2」、「3」と回答した412人に対し、具体的にどのようなことで悩まされているかを尋ねたところ、384件の回答があった。回答の分析を行う上でキーワードを拾い、下記の通り8個のカテゴリを設定した。

1件の回答の中に複数のカテゴリに振り分けられるキーワードが入っている場合があるため、全体の回答数が397件と実数より多くなっている。

（n＝384）

	カテゴリ	回答数	％
	カテゴリ	397	―
1	時間が足りない	139	36.2
2	仕事量が多い	63	16.4
3	職員間の情報共有	54	14.1
4	子どもの発達	38	9.9
5	言葉の遣い方	32	8.3
6	ICT化	31	8.1
7	職員指導	25	6.5
8	コロナ対応	15	3.9

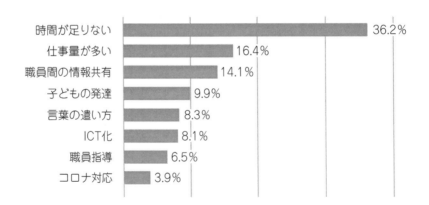

問22の結果では、計画書の作成について、想定していた程は対応に悩まされていないという実態が分かったが、負担に感じていると回答した人の中では具体的にどのような対応に苦慮しているのかを分析したところ、最も多く挙げられたキーワードは「時間が足りない」という結果となった。

例えば職員間の情報共有、サービス残業・持ち帰り事務・休憩時間に仕事を入れざるを得ない状況、これらも、あと少しでも時間が確保できることで解決に近づくのではないかと考えられる。

また、ICT化を進めても、パソコン入力に慣れないため時間がかかったり、そもそも台数が足りなかったりと、環境への課題も見て取れる。

問24　問22について計画書の作成について当てはまるものの問に「3.対応に悩まされることが頻繁に生じ、負担になっている」と回答した方は、どのような方法で対処しているか

※本設問への回答は自由記述であり、問22で上記「3」と回答した方に対し、どのような方法で対処しているかを尋ねたところ、137件の回答があった。回答の分析を行う上でキーワードを拾い、下記の通り5個のカテゴリを設定した。

　1件の回答の中に複数のカテゴリに振り分けられるキーワードが入っている場合があるため、全体の回答数が150件と実数より多くなっている。

（n＝137）

	カテゴリ	回答数	％
		150	―
1	業務改善	45	32.8
2	残業（時間外勤務）	40	29.2
3	参考・資料等の利用	24	17.5
4	職員で分担	23	16.8
5	未解決	18	13.1

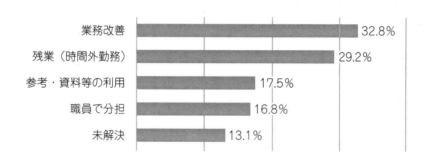

　業務改善と回答した件数が1番多く45件（32.8％）となった。次は残業（時間外勤務）となり、こちらは40件（29.2％）となった。次いで参考資料等の利用（書籍からの知識の吸収等）が24件（17.5％）となっている。この他、職員間で分担をしているという意見もあり、保育現場では担任間で協力・相談し合ってやりくりをしている様子がうかがえる。併せて、保育士が自己研鑽や自己努力で解決できる部分（スキルアップ・先輩に教わる等）や事務を簡略化する、PCを活用するという意見も多く見られ、各人の工夫に頼る実態も浮き彫りになった。

　この他、上記の表には記載していないが、持ち帰って自宅で作業をしたり、早めに出勤して作業したり、休憩時間を利用するなどの意見も見られた。ただ、時間の確保が出来ずに、未解決という意見（18件13.1％）もあり、園によっては課題となっているものの、具体的な改善策が実行されていない状況も散見される。

問25　あなたの園では、ICT化によりシステムを導入するなどしているか

　ICT化の導入は、63.8％なっている。一方で導入していないという回答は、33.7％となった。

（n = 837）

		回答数	％
	全　体	837	100.0
1	は　い	534	63.8
2	いいえ	282	33.7
	無回答	21	2.5

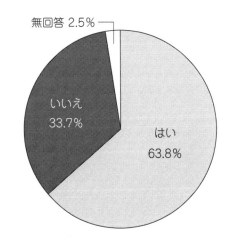

問26　問25でICT化によりシステムを導入するなどしているかの問いに「はい」と回答された方は、ICT化により業務は効率化し、負担は軽減したと感じるか

　ICT化により業務は効率化したという回答は53.9％、一方で43.1％の人がICT化により負担は軽減したと回答している。

（n = 534）

		回答数	％
	全　体	534	100.0
1	は　い	288	53.9
2	いいえ	230	43.1
	無回答	16	3.0

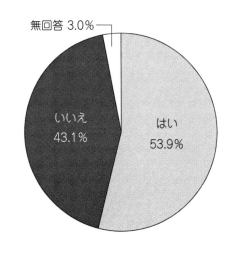

問27　問25について ICT 化によりシステムを導入するなどしているかの問いに「はい」と回答された方が、問26で ICT 化により業務は効率化し、負担は軽減したと感じるかどうかに対する問いへの回答を選択した理由

※本設問への回答は自由記述であり、全部で 362 件の回答があった。回答の分析を行う上でキーワードを拾い、【メリット】に当てはまるものは下記の通り 4 個のカテゴリを、【デメリット】に当てはまるものは 5 個のカテゴリを設定した。
　1 件の回答の中に複数のカテゴリに振り分けられるキーワードが入っている場合があるため、【メリット】では全体の回答数が 441 件と実数より多くなっている。

【メリット】

（n＝362）

	カテゴリ	回答数	％
		441	―
1	負担軽減、業務効率につながった	258	71.3
2	業務時間短縮につながった	105	29.0
3	情報共有がしやすくなった	73	20.2
4	ライフスタイルに合わせて事務作業ができるようになった	5	1.4

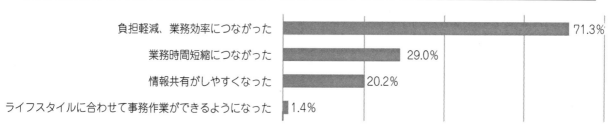

【デメリット】

（n＝362）

	カテゴリ	回答数	％
		75	―
1	ソフトやシステムが園の状況に合っていない	24	6.6
2	自身の ICT スキルの不足	21	5.8
3	ネット環境、システムの不具合、パソコントラブルが多い	15	4.1
4	パソコンの台数不足	11	3.0
5	業務量が増えた（HP 更新、写真撮影等）	4	1.1

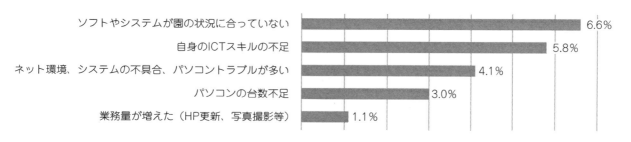

肯定的な意見の裏にも、「今後の ICT の発達に対応できるのか」、「園の ICT 環境の課題」、「指導者層の ICT 化に対する意識と保育現場の感覚の乖離」など、漠然とした不安を感じさせる回答が多くみられた。

　また、ICT 化が進んでいない園から ICT 化された園に転職したケースでは「合わせることが大変だった」という意見も見られた。

　ここ数年で入職した保育士の中には、入職した時点ですでに ICT 化されているので比較できないという記述が散見された。

I

問 28　職場の人間関係について当てはまるものはどれか

		回答数	％
	全　体	837	100.0
1	対応に悩まされることはない	225	26.9
2	対応に悩まされるようなことは生じるが、負担になるほどではない	358	42.8
3	対応に悩まされることが頻繁に生じ、負担になっている	209	25.0
4	わからない	29	3.5
	無回答	16	1.9

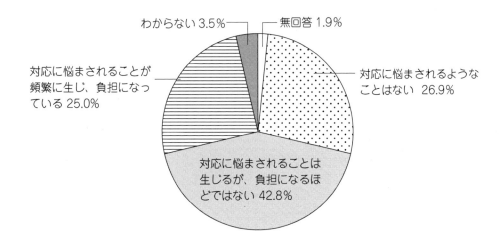

　この設問への回答は 837 件であった。うち「対応に悩まされるようなことはない」と回答したのは 225 件（26.9％）であった。「対応に悩まされるようなことは生じるが、負担になるほどではない」と回答したのは 358 件（42.8％）で、負担ではないが悩まされることがあることが多いという状況がうかがえる。それに対して「対応に悩まされることが頻繁に生じ、負担になっている」については 209 件（25％）と 4 人に 1 人の方が回答している。これは今後メンタル不調に起因する要因となり得るものであり、職場の改善事項として重要度が高い。

問29　問28 について職場の人間関係について当てはまるものの問に「2.対応に悩まされるようなことは生じるが、負担になるほどではない」、「3.対応に悩まされることが頻繁に生じ、負担になっている」と回答した方は、具体的にどのようなことで悩まされているか

※本設問への回答は自由記述であり、問28 で上記「2」、「3」と回答した 567 人に対し、具体的にどのようなことで悩まされているかを尋ねたところ、533 件の回答があった。回答の分析を行う上でキーワードを拾い、下記の通り 9 個のカテゴリを設定した。

　1 件の回答の中に複数のカテゴリに振り分けられるキーワードが入っている場合があるため、全体の回答数が 590 件と実数より多くなっている。

（n＝533）

	カテゴリ	回答数	％
		590	－
1	保育観の相違	111	20.8
2	特定職員との関わり	92	17.3
3	協調性の不足	89	16.7
4	価値観の相違	88	16.5
5	職員育成	57	10.7
6	報・連・相	50	9.4
7	上司対応	41	7.7
8	世代間ギャップ	37	6.9
9	業務調整	25	4.7

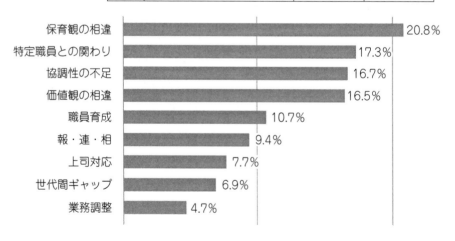

　職員間の対応で悩まされる結果として、保育観の相違が 111 件（20.8％）、特定職員との関わりが 92 件（17.3％）、協調性の不足が 89 件（16.7％）、価値観の相違が 88 件（16.5％）となり、上位 4 つの回答を合わせると 7 割以上が、お互いの思いや考え方を受け入れられず、折り合いをつけることができない人間関係でのトラブルが主な原因となっていることがわかった。いろいろな思いを一つに共有しながら業務に取り組む意識と、職員同士コミュニケーションの充実を図りながら仕事を進めていかなければならない難しさが浮き彫りとなっている。

問30　問28 について職場の人間関係について当てはまるものの問に「3.対応に悩まされることが頻繁に生じ、負担になっている」と回答した方は、どのような方法で対処しているか

※本設問への回答は自由記述であり、問28 で上記「3」と回答した方に対し、どのような方法で対処しているかを尋ねたところ、239 件の回答があった。回答の分析を行う上でキーワードを拾い、下記の通り13 個のカテゴリを設定した。

　1 件の回答の中に複数のカテゴリに振り分けられるキーワードが入っている場合があるため、全体の回答数が296 件と実数より多くなっている。

（n = 239）

カテゴリ		回答数	%
	カテゴリ	296	—
1	上司と相談	65	27.2
2	話し合いをする	52	21.8
3	課題をあえて直視しない	42	17.6
4	職員と相談	30	12.6
5	話をよく聞く	27	11.3
6	コミュニケーションをとる	23	9.6
7	面談をする	16	6.7
8	仕事の見える化をする	11	4.6
9	情報共有をする	10	4.2
10	雰囲気づくり	10	4.2
11	園内研修の実施	5	2.1
12	所管課に相談	4	1.7
13	専門家に相談	1	0.4

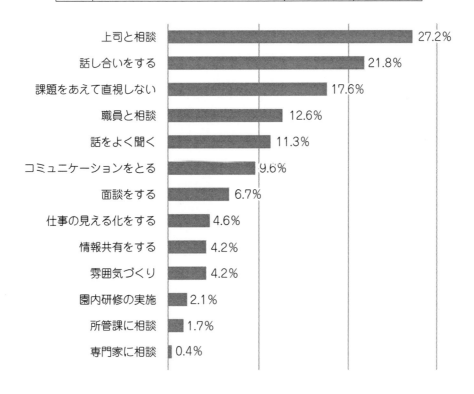

職場の人間関係で悩まされた時の対処法としては、カテゴリ1、2、4～6と職員同士の関わりに関する回答の合計が197件（82.5％）と8割以上となり、職場の人間関係で悩まされることがあると回答した人が多い一方で、対処のきっかけにも人間関係が重要な要素になっていることがわかる。

　また、「課題をあえて直視しない」などの否定的な意見も比較的多く散見され、そのような状態が続いた時の精神的ストレスや負担を考えると注視していかなければならない課題となっている。

I

問31　新型コロナウイルス感染症の対策で最も負担に感じるのはどのようなことか。（理由も併せて回答を伺った）

※本設問への回答件数は816件であった。回答の分析を行う上で、キーワードを拾い、下記の通り11個のカテゴリを設定した。

1件の回答の中に、複数のカテゴリに振り分けられるキーワードが入っている場合があるため、全体の回答数が1122件と実数より多くなっている。

（n＝816）

カテゴリ	項目	件数	％
消毒・清掃	玩具	289	37.5
	手指	17	
保育内容	制限	103	17.4
	マスク	20	
	異年齢（他クラス）交流	19	
健康管理	園児・同居家族	47	16.1
	職員	47	
	職員家族	4	
	自粛ストレス	33	
コミュニケーション	保護者（保育内容）	50	15.2
	保護者（対策理解）	48	
	職員	22	
	園児	3	
	地域	1	
仕事増	人員不足	50	11.4
	受入れ	43	
マスク	管理（園児）	21	10.9
	管理（職員）	35	
	保育（表情）	33	
3密対策	人数（空間確保）	42	9.7
	換気	5	
	食事（園児）	26	
	食事（職員）	6	
行事変更	オンライン	3	8.1
	会議等	63	
不安	保護者・園児	18	7.0
	職員	39	
事務	一般	4	2.2
	他機関との連携・連絡	14	
特になし		17	2.1

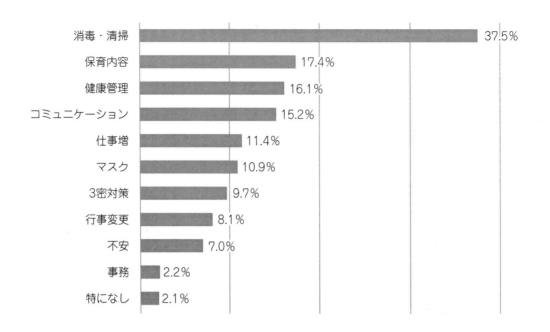

消毒・清掃	37.5%
保育内容	17.4%
健康管理	16.1%
コミュニケーション	15.2%
仕事増	11.4%
マスク	10.9%
3密対策	9.7%
行事変更	8.1%
不安	7.0%
事務	2.2%
特になし	2.1%

　感染対策で負担に感じることとして消毒・清掃などが最も多く、その次にコロナ禍での保育や感染対策への保護者との意識の違いとの意見が見られた。

　また、保育士自身も感染への不安やストレスが大きい。

　保育に制限がかかり、コロナ禍において手探りで行う保育に保育士の心労や負担の大きさがうかがえる。

問32 新型コロナウイルス感染防止対策で課題と感じられること（行政に対することなども含む）

※本設問への回答件数は589件であった。回答の分析を行う上で、キーワードを拾い、下記の通り14個のカテゴリを設定した。

　1件の回答の中に、複数のカテゴリに振り分けられるキーワードが入っている場合があるため、全体の回答数が668件と実数より多くなっている。

（n＝589）

	カテゴリ	回答数	％
	カテゴリ	668	－
1	〈行政への対応〉登園自粛、緊急事態宣言に関するもの	136	23.1
2	〈行政への対応〉基準の明確化や統一された行政支持を求めるもの	128	21.7
3	〈行政への対応〉人件費の予算増、追加人員の派遣、配置や面積基準の改正	61	10.4
4	保育の中で密を避けられないことや、感染させることへの不安	57	9.7
5	感染対策に意識の薄い家庭への対応	56	9.5
6	マスクやコミュニケーション不足による発達への影響	44	7.5
7	〈行政への対応〉対策物品支給やそのための予算増	40	6.8
8	行事の開催、運営	35	5.9
9	〈行政への対応〉業務軽減について	32	5.4
10	検査、ワクチン接種について	29	4.9
11	地域や社会の保育への理解、人権擁護について	24	4.1
12	保護者への連絡、面談について	13	2.2
13	保育や感染対策に対する保育士の意識統一	8	1.4
14	公共交通機関を利用しての通勤による感染リスク	5	0.8

　回答で特に多かったものは、行政の対応が曖昧だったり、地域によって対応が異なっていたことに対する不安であったといえる。

　またそのような中で、「保育士の苦労を行政に知ってほしい」、「子どもたちにとって必要な保育を守るためにも、行政から地域社会や感染対策に協力的でない保護者に啓発を行ってほしい」という意見が目立っている。

　保護者に対しては、感染防止について意識があまりないことに対する不安や、連絡の機会が限られてしまうことも課題として上がっている。

　また終息の見通しが立たない中で保育を続けることについて、子どもの発達への影響を不安視する意見も多く上がった。特に職員がマスク着用で子どもと接することでの弊害やコミュニケーションの不足は心配されている。加えて、行事の縮小についても、子どもたちにとっての貴重な経験の機会が失われていることへの不安が意見として上がっている。

問33 「今後も保育士として働き続けることへの課題」

※本設問への回答件数は712件であった。委員がそれぞれ特筆したいと感じた回答をP.43から44件取り上げ、列記する。

　また、その回答の傾向を分析するために、特筆する回答を17のカテゴリに分けた。

　1件の回答の中に、複数のカテゴリに振り分けられるキーワードが入っている場合があるため、特筆した回答44件よりカテゴリ分け後は85件と多くなっている。

（n = 44）

	カテゴリ	回答数	％
		85	—
1	働き方改革（残業・有休の取得・シフト・事務時間の確保）	17	38.6
2	配置基準が見合っていない（保育制度）	12	27.3
3	補遺樹脂としての社会的地位の向上	12	27.3
4	保育士の確保（人材不足）	6	13.6
5	給与が見合っていない	5	11.4
6	新しい時代の方向性・時代についていく	5	11.4
7	保育士としての誇り	5	11.4
8	知識の吸収・自己研鑽・保育の質向上・専門性	4	9.1
9	子ども主体の保育	3	6.8
10	保護者対応	3	6.8
11	仕事に対する責任の重さ	3	6.8
12	保育時間の長時間化	3	6.8
13	健康管理（体力の維持）	2	4.5
14	人材育成（後輩指導含む）	2	4.5
15	職員間のコミュニケーションの確保	1	2.3
16	保護者のメンタル支援	1	2.3
17	ICT化	1	2.3

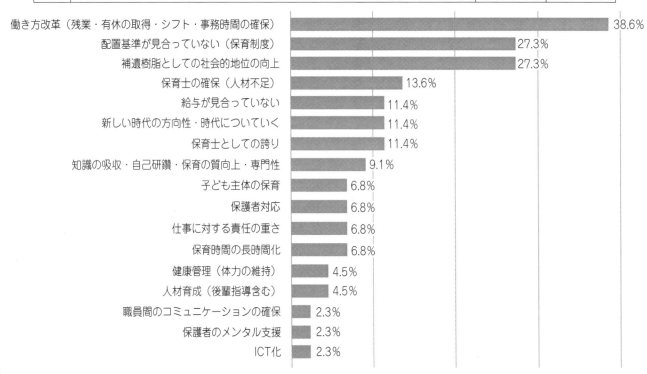

働き方改革（残業・有休の取得・シフト・事務時間の確保）	38.6%
配置基準が見合っていない（保育制度）	27.3%
補遺樹脂としての社会的地位の向上	27.3%
保育士の確保（人材不足）	13.6%
給与が見合っていない	11.4%
新しい時代の方向性・時代についていく	11.4%
保育士としての誇り	11.4%
知識の吸収・自己研鑽・保育の質向上・専門性	9.1%
子ども主体の保育	6.8%
保護者対応	6.8%
仕事に対する責任の重さ	6.8%
保育時間の長時間化	6.8%
健康管理（体力の維持）	4.5%
人材育成（後輩指導含む）	4.5%
職員間のコミュニケーションの確保	2.3%
保護者のメンタル支援	2.3%
ICT化	2.3%

問33　自由記述の代表的な意見

○保育の仕事が好きで子どもと関わることも大好きなので仕事はずっと続けたいと思っているという人がほとんどだと思う。しかし、保育時間が長時間化し、子ども、保護者共に丁寧な対応が必要となっている状況を考えると、保育士の人数を増やし、精神的肉体的にゆとりももてるようにしていかないと離職者が増えて保育の質を保つのが難しくなっていると思う。

○日本の未来を担う子どもたちを健全に育成していく使命が保育士にあります。大切な仕事に誇りを思っていますが、それに見合う報酬には、少し足りないと思います。保育士の地位向上を希望します。

○先進国の中では日本の保育園は、制度的にも内容的にもとても遅れている。乳幼児教育こそ、もっとお金をかけて充実させていかないと日本の未来はないです。（虐待、ひきこもり、いじめ、自殺ｅｔｃ）、家庭での子育て支援も含め、もっと、地域にひらかれた保育園にしていくためにも、余裕のある人員配置、制度などの充実をお願いしたいです。

○保育園の設立が増加し、保育士の教育が追いつかない。質の低下につながっている。又、危機管理リスクの気づきが薄く子どもの安全「命」に対する対応が後手に回っている。重篤な事故やケガが起きやすく不安になることもある。そのような時には、やはり施設側ばかり責められてしまう心配を持っている。

○家庭を持っているため、家庭と仕事の両立の難しさは常々感じている。仕事で子どもたちを見ながらも自身の子どもとの時間が少ないことへの申し訳なさが生じるが、仕方ない（仕事を選んだのは自身なので）ことでもあり、気持ちの切り替えが大切だと思うようにしている。若ければ若い（自身が）ほど、子どもが小さければ小さいほど感じるものではないかと思うので後輩職員のフォローをしていきたいと感じる。制度（子育て中の職員の）を利用するための人員確保もまた、必要だと思う。

○保育だけではなく、保護者対応等、さらに専門性が求められている。その為、本来大切な保育にも影響が及んでしまっているので、ゆとりある保育や保護者支援が行なえるように人的＋物的環境が整い充実されれば、働き続けることが出来ると思う。

○保育がスムーズにすすむ上で、保育者としてのスキルの向上は必須だが、それ以上に保護者との信頼関係を築くことはかなり重要だと思っています。長く働いている中で保護者とのコミュニケーションをとることは私自身経験もあるので、できるようになってきているし、大切にすべき点もわかってきている。今後、若い人たちにも、保護者との信頼関係を築く上で、最も大切なコミュニケーション力を伝えていく、そして、私自身もそれを大切に仕事を続けていきたいです。

○子ども一人ひとりによっても年齢によっても対応の仕方や関わり方などが違う為、０歳児クラスから５歳児クラスまで経験をし、年齢によっての段階を知る事や、発達障害を持つ子どもへの理解を深めていく事、又は時代に寄り添っていく事が必要だと感じる。

○当該区は、今後、保育園でも、ＩＣＴ化に向けて、検討、準備を進めています。保育室にパソコンやタブレットを置いて、記録することが、日常になってくるので、そのような機器の扱いに少しでも慣れることが課題だと思う。早く慣れることで、日常の業務が効率的に、進むと思います。

○様々な情報を瞬時に、キャッチして、柔軟に対応する力も、保育士には必要だと感じています。

○働く女性が増えたということで、父親も含めた保護者ニーズを考え支援するということが、保育士の課題になってきている。子どもの発達成長は変わらない。親の姿が変わってきている。親が親になりきれず自分もかまってほしい、守ってほしいという要求を受け入れていくのも保育士の仕事となってきている。

○日々子どもたちと接する中で成長を感じる場面があり、笑わせてくれたり、教えてもらったり、元気と勇気と愛をくれるところである。それを日々感謝して健康な身体と心を自分自身が常に意識していくこと。また保育という仕事への興味、関心を持ちつづけること。

○家賃補助があれば、生活が苦にならないため心に余裕が出て、保育の質の向上や離職率の低下につながるのではないかと思う。

○一人ひとりが子どもに、どう育っていってほしいのか、ビジョンを立て園全体ですり合わせをすることが課題である。

○現在は、保護者に対してのニーズにこたえすぎ、子どもにとってよい環境になっていない面を感じる。（例　延長保育、土曜保育等親の要望にこたえた結果、子どもは長時間保育を強いられ情緒不安定になる）子どもにとってよい環境を考えながら働きつづけたい。

○保育の質の向上、保護者支援や支援が必要なお子さんが増加している現状と、保育士に求められる仕事がどんどん多くなってきている。日常保育以外に取り組まなくてはいけないことが膨大。"保育所が不足"と施設ばかりを増やしても手厚い保育ができる保育士を育てなければ意味がない。保育士一人に対しての子どもの人数の見直しは何十年とされていない。子どもは国の宝でなければならないのに、手をかけ愛情をかけ育てなければならないのにと思うことが多い。現場の声はどうしたら国に届くのだろう。自分だけではどうすることもできないジレンマを抱えつつも"子どもの幸せの為に努力を積み重ねていくことはやめない"と自分に言いきかせながら生きていくことが課題です。

○保育士として、働き続けることは心身ともに健康な状態を保つことが大切なことであるが、職場の環境、（仕事量、人間関係等）の良し悪しで心身のバランスを崩してしまう事が多々ある。特に保育のニーズにのみ焦点をあてて、仕事量や責任の多さが理解されずにいる。保護者支援という名目のもとに保育に注力すべき力が他へ注がれていることがある。それらを続けていくと、保育の質が下がり、保育士としてのやりがいも失われていくのではないかと考える。社会全体（企業の働き方改革）の改革をもとに保護者の働き方改革が行われないと、今後も保育士として働き続けることが、難しい人々が増えるのではないかと思う。

○以前よりは少しずつ改善されてはいるが、保育士が社会的にもっと認められるようになると良いと思う。慢性的な人手不足による負担の大きさは日々感じている。保育士をやりたくても、様々な面で諦める人もいると思うため、賃金や待遇面でも保障してもらえると夢を持って働き始めることができるのではと思う。

○昔の保育にしばられることなく、今の環境や子どもたちにとって最善の努力をしなくてはいけないと感じている。

○行事の完成度など保護者のニーズを主に考えていくと、保育士の業務がどうしても多忙になってしまう。ニーズに答えたい気持ちももちろん十分にあるが、日本中の保育園全体の業務の見直しや改革が必要なのでは？と思う。全体的な給与ベースももっと上れば、働きたいと思う若手が増えるのかもしれないと思う。

○保育へのゆとりの確保→保育者の心のゆとりが、より良い保育につながる→保育者に余裕があれば、保育以外の業務をするにも困らない。

○待遇の向上、休日を増やし休めるようにする（完全週休2日制）…増えてきてはいるが、まだ完全週休2日制の園は少ない。

○早番、遅番の働き方。→子育てをしながらでは、対応がむずかしい。

○まず、第1に、保護者対応、次に気になる子への対応、職場の人間関係と、あげればキリがない。かなり大変な職業だと思う。ただ子どもの世話をしているだけだと思っていたら大間違い。覚悟のいる職業だ。

○つくづく子どもたちから"元気"をもらっていると日々実感している。長い間、子どもたちとの生活を経験してきた中で、「大事にしたいこと」をもつこと（＝保育観）は大切だと思う。そのラインは人それぞれだが沢山の人と出会い、沢山の人の話を聴きその中で"これだ"と思うことを見つけていく。"失敗かな…"と思うことも経験すること。疲れないように、息抜きをすること。子どもたちには「いつも、あそんでくれてありがとう」と言うこと。

○1人で保育をするのではなく、クラス、園、そして保護者と、チームになって、保育をしていくということ。子ども1人を育てることを集団と考えず個々を大切にしていくこと。保育の質をたもつのではなく、さらに高くできるように日々考えていくこと。子どもの安全と安心を守っていくこと。日々話し合い、園全体で1人1人の子どもを見守っていくことを意識していきたい。

○体力的なことも含め、子どもの発達をきちんと理解し、一人ひとりの子ども姿、発達を見極めた上で、必要な対応ができる保育者になる気持ちを持ち続け、実践していくこと。人材育成の一役を担っていくこと。

○人として生きていくための大切な時期を預かっているが、社会での認知が低く、また給与も見合っていないように感じる。社会が保育士は「ただ子どもを見ているだけ」「遊んでいるだけ」という認識がとても悲しい。保護者とのやりとりも難しくなってきているのは、そこにも原因があるように感じている。実際、潜在保育士が多いのもそのことが理由なのではないかと思う。子どもに対しての思いだけで出来る仕事ではないが、もっと社会全体が、今後の未来ある子どもたちと関わっている仕事であると感じてもらえると、嬉しく思う。

○配置基準の見直し。実態に合わせて、最低でも今の基準の1.6倍の人員配置。園庭がなければ、散歩に出ざるを得ないので、そういう個別状況に対しても、加算ではなく、配置基準として、配置してほしい。幼稚園は2時くらいで子どもが降園するが、保育士は勤務時間＝子どもとの時間であり、計画や振り返り、話し合いの時間を保障する人員配置も必要。6時間子どもと接して、2時間は事務や話し合いの時間として毎日保障されると、身体も楽だし、長く働き続けられるのではないか。

○今の職員配置や、面積基準では、とてもじゃないが、緊急時に子どもたちの安全を守ることはできない。コロナ禍においては、緊急事態宣言下にあっても、保護者の就労を守るため、また子どもたちの日常を守るために、感染症への恐怖心をもちながら通常以上の業務を担ってきました。保育園の仕事に対する社会的に評価をあげ、将来の成り手が希望をもてるよう、宿舎借り上げ制度や処遇改善手当てのような不安定な補助金ではなく、賃金が底上げができるような保育予算を組むべきであると考える。また、子どもたちの成長発達には、専門的な知識に加えて、毎日の継続した見守りと関わりが必須である。ひとりひとりの子どもたちの発達状況や進度、保護者との関わりも。ひとりひとりの子どもたちに丁寧に関わるために、どの時間帯でも人員不足とならない人員配置を！子どもの発達を常に学習研究できる（順番に学びを受けるため、直接子どもに関わる人数以上に必要）人員配置を！正規職員1人の手を、短時間で2人に分けるなど言語道断である。未来を担う子どもたちの毎日の生活、成長発達を簡単に考えないで欲しい。地域の保護者との共に子どもたちの育ちを一緒に考える保育士という仕事を医者や看護師のようにしっかり専門職として捉える社会へ、転換が必要。さらに、保育園には栄養士、調理師、看護師と、保育士以外の専門職も共に保育園を作っている。それぞれが専門性を発揮しあい、支えあって保

育園が作られているため、すべての補助などの対象を「保育園従事者」とすべきだと考える。

○子どもたちの命を預かり、子どもたちの思いや気持ちを受け止めて、心も育てている仕事にはやりがいを感じる。しかし、仕事の大変さと給与が見合っていないように思う。子どもたちに腹の立つこともあるが、それでもやっぱり可愛いなあと思うし、一緒にいればいるほど情が湧いてくる。しんどくてもこの子たちのために…と日々全力で仕事をしている保育士をみていて、やる気に甘えているのではないかと時々思う。やりがいだけでは生活できない。保育園は一般企業のように利益を生み出す組織ではないし、努力で利益を出すこともできない。その分の補償を国や自治体が責任を持つべきだと思う。丁寧に子どもを見ていくためには正規職員の数も少ない。公定価格を上げてほしい。

○社会人としての基礎を身につけ、保育士としての知識や学びの引き出しを増やし続けそれを活かせるよう実践し、自分自身も子どもと共に成長していきながら働き続けていきたいと課題にしています。

○特に東京は、保育士不足を解消してほしい。なぜなら、国や園の求める保育をするためには、時間や知識、人手が足りない。現場と行政の考えを統一し、働きやすくしてほしい。給料UP。保育士として働くことへの誇りが持てるような社会的地位、認知度、保育の大切さ、子どもをこの世の中にいる大人全員で育てるという意識の拡大化などの対策。

○どのような子どもを育てていきたいかを、常に思うこと。社会へ出ていく子どもたちの人としてのベースを作る援助をしていきたい。などの信念がないと、保育士は続かないと思います。人間関係、賃金、行政への不満や生活への不安があると、できない人が多いのが現実。保育士不足に繋がります。国や行政が保育・幼児教育の大切さをもっと理解するべきです。

○子どもを好きなだけではできない仕事である。今後も仕事を続けて行くには、仕事をさらに効率化させ人員を増やすことや、休みなどの権利取得がしっかりとできる体制へと整えて行くことが必要であると思う。

○業務の多さ、給料の低さ、社会的立場の低さ、労働環境の劣悪さ。働き続けることが難しいため、人が減り、さらに仕事が増える悪循環となっている。給料に見合った仕事量にするか、激務に見合うだけの給料にする必要がある。

○ワークライフバランス、ワークの比重が高い。職員数を増やし、事務や行事準備などの確保。

○行政からの要望は多くなり、現場の負担も増えてきているなか、働き甲斐のある職業であることを感じられるように、働きやすい環境づくりを続けていくこと。

○保育士を目指そうとする人材が減少してきている。保育士を志して入職しても５年ほど

で離職してしまうなどの現状があるので、継続して働き続けられる給与、専門性獲得の制度作りを行ってほしい。

〇長く働き続けたいと思えないことが課題。メンタルが崩壊する危険に常にさらされている。保護者対応、怪我、病気の対応、様々な専門性が求められ、体力も心も疲れてしまう。

〇やはり良い保育をするには環境が大切だと思います。気持ちの面での環境、人員面の環境をもう少し改善するだけで保育にも余裕が生まれることになりより良い保育につながります。気持ちと人員がいっぱいいっぱいだと、子どもにたいしても余裕がなくなってしまう気もします。またメディアも悪いことはすぐに報道しますが、もう少し保育士の素晴らしいところを出してほしいと思います。そうしたら保護者も考えが変わったり共感してくれたり、保育士にもっとなりたいと思う人やりたいと思う仕事になると思います。

〇人材不足。産休育休をとれる状況にあるが、産休育休を取得する職員が重なればそれだけ人材の確保をしなければいけないし、ライフスタイルを考えた時に辞めるという選択も出てくると思われるが、現状は、簡単には辞められない状況にある。人材紹介会社の参入も確実性がないことから落胆することが続いている。

〇様々な職員がいる中で、お互いの意見を受け入れながら話し合いを重ねて子どもにとってより良い保育を行えるような環境。仕事量に見合った給料。十分な人員配置。

〇休憩、ノンコンタクトタイムをきちんと取ることができるための人員配置の確保が難しい。配置基準（子ども対保育士数）０歳児３対１、１歳児５対１は一人ひとりを丁寧に見るときに難しくもう少し余裕をもって保育にあたれるようになりたい。子どもに向き合う時間を確保するため、洗濯や消毒、園庭掃除など専属の用務員さんなどを雇えると良い。

2　本調査の結果と考察（クロス集計）

問6　休憩時間は1日の勤務の中でどの程度とれているか

【運営団体別】

公立（規定上）

	回答数	％
全　体	255	100.0
無回答	6	2.4
平均値（分）		50.56
標準偏差		8.17
最小値（分）		15.00
最大値（分）		60.00

公立（実態）

	回答数	％
全　体	255	100.0
無回答	9	3.5
平均値（分）		31.94
標準偏差		15.37
最小値（分）		0.00
最大値（分）		60.00

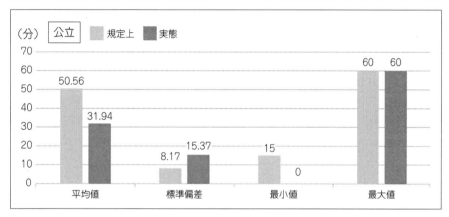

私立（規定上）

	回答数	％
全　体	519	100.0
無回答	12	2.3
平均値（分）		53.50
標準偏差		8.52
最小値（分）		15.00
最大値（分）		75.00

私立（実態）

	回答数	％
全　体	519	100.0
無回答	27	5.2
平均値（分）		35.52
標準偏差		18.68
最小値（分）		0.00
最大値（分）		60.00

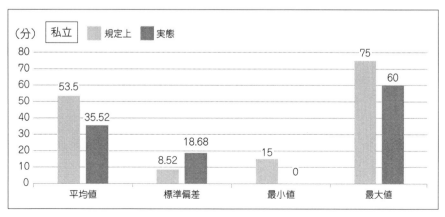

公設民営（規定上）

	回答数	%
全　体	57	100.0
無回答	1	1.8
平均値（分）		52.86
標準偏差		9.14
最小値（分）		20.00
最大値（分）		60.00

公設民営（実態）

	回答数	%
全　体	57	100.0
無回答	1	1.8
平均値（分）		36.88
標準偏差		18.05
最小値（分）		0.00
最大値（分）		60.00

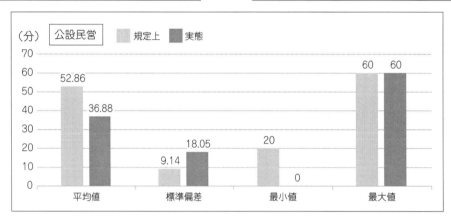

【記入者別】

主任（規定上）

	回答数	%
全　体	172	100.0
無回答	4	2.3
平均値（分）		52.92
標準偏差		8.16
最小値（分）		30.00
最大値（分）		60.00

主任（実態）

	回答数	%
全　体	172	100.0
無回答	9	5.2
平均値（分）		34.97
標準偏差		17.20
最小値（分）		0.00
最大値（分）		60.00

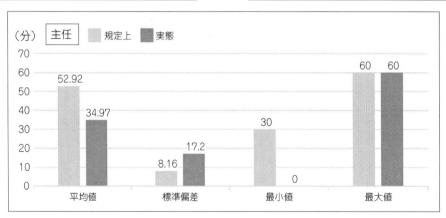

副主任（規定上）

	回答数	%
全　体	71	100.0
無回答	3	2.3
平均値（分）		54.56
標準偏差		7.21
最小値（分）		45.00
最大値（分）		60.00

副主任（実態）

	回答数	%
全　体	71	100.0
無回答	5	5.2
平均値（分）		35.23
標準偏差		18.82
最小値（分）		0.00
最大値（分）		60.00

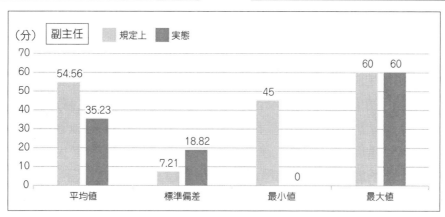

Ⅱ

リーダー（規定上）

	回答数	%
全　体	70	100.0
無回答	1	1.4
平均値（分）		51.45
標準偏差		10.19
最小値（分）		15.00
最大値（分）		60.00

リーダー（実態）

	回答数	%
全　体	70	100.0
無回答	3	4.3
平均値（分）		32.57
標準偏差		19.15
最小値（分）		0.00
最大値（分）		60.00

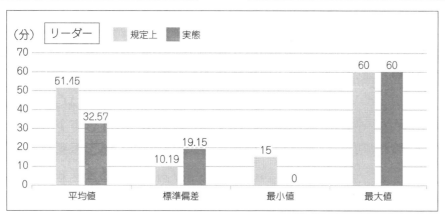

担任（規定上）

	回答数	％
全　体	346	100.0
無回答	7	2.0
平均値（分）		52.23
標準偏差		8.35
最小値（分）		15.00
最大値（分）		75.00

担任（実態）

	回答数	％
全　体	346	100.0
無回答	13	3.8
平均値（分）		33.78
標準偏差		17.57
最小値（分）		0.00
最大値（分）		60.00

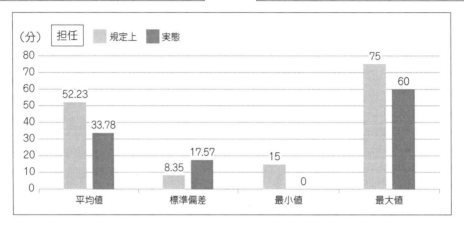

フリー（規定上）

	回答数	％
全　体	49	100.0
無回答	0	2.0
平均値（分）		51.12
標準偏差		9.20
最小値（分）		20.00
最大値（分）		60.00

フリー（実態）

	回答数	％
全　体	49	100.0
無回答	1	3.8
平均値（分）		39.90
標準偏差		14.31
最小値（分）		0.00
最大値（分）		60.00

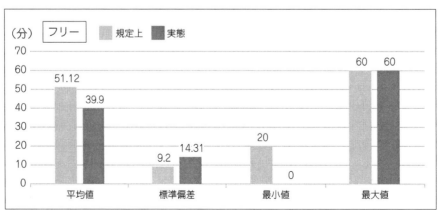

その他（規定上）

	回答数	％
全　体	72	100.0
無回答	3	4.2
平均値（分）		53.48
標準偏差		8.72
最小値（分）		15.00
最大値（分）		60.00

その他（実態）

	回答数	％
全　体	72	100.0
無回答	4	5.6
平均値（分）		35.29
標準偏差		17.68
最小値（分）		0.00
最大値（分）		60.00

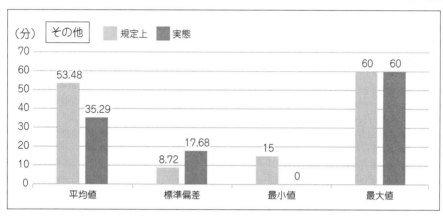

【経験年数別】

1年以下（規定上）

	回答数	％
全　体	37	100.0
無回答	0	0.0
平均値（分）		49.59
標準偏差		10.70
最小値（分）		20.00
最大値（分）		60.00

1年以下（実態）

	回答数	％
全　体	37	100.0
無回答	0	5.2
平均値（分）		38.24
標準偏差		15.54
最小値（分）		0.00
最大値（分）		60.00

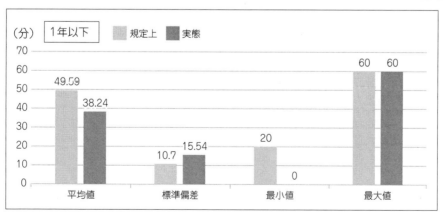

２年～５年未満（規定上）

	回答数	％
全　体	94	100.0
無回答	1	1.1
平均値（分）		55.05
標準偏差		7.05
最小値（分）		45.00
最大値（分）		60.00

２年～５年未満（実態）

	回答数	％
全　体	94	100.0
無回答	1	1.1
平均値（分）		38.01
標準偏差		19.17
最小値（分）		0.00
最大値（分）		60.00

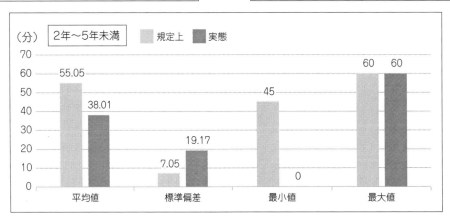

５年～８年未満（規定上）

	回答数	％
全　体	102	100.0
無回答	1	1.0
平均値（分）		52.57
標準偏差		9.42
最小値（分）		15.00
最大値（分）		60.00

５年～８年未満（実態）

	回答数	％
全　体	102	100.0
無回答	4	3.9
平均値（分）		35.38
標準偏差		19.77
最小値（分）		0.00
最大値（分）		60.00

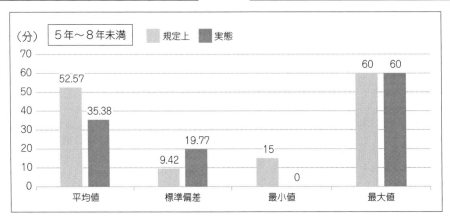

8年以上（規定上）

	回答数	％
全　体	540	100.0
無回答	16	3.0
平均値（分）		52.34
標準偏差		8.49
最小値（分）		15.00
最大値（分）		75.00

8年以上（実態）

	回答数	％
全　体	540	100.0
無回答	30	5.6
平均値（分）		33.43
標準偏差		17.21
最小値（分）		0.00
最大値（分）		60.00

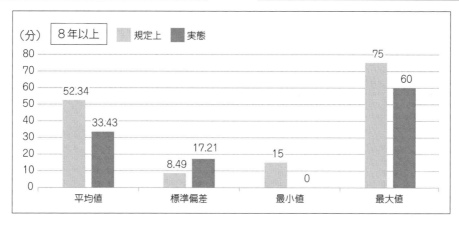

　休憩時間については、公立、私立、公設民営どの種別であっても、90％を超える園で、40分～60分の間での規定がされている。

　P.12の表で示す通り、全体の回答では規定上は平均53分、実態は平均35分であり、規定通りに休憩時間を確保するのは難しい状況が読み取れる。

　記入者別では、副主任、リーダー、担任、フリーは実態の平均値で30分～35分の休憩が確保されていることが読み取れ、役職での大きな差は見て取れない。

　経験年数別でみると、5年未満では平均して38分程度、5～8年未満は35分、8年以上は33分と経験年数が増えると休憩時間の平均値が少なくなっていることが分かる。

　また、実態の最小値で0分という回答もあり、実務の上で休憩時間の確保が難しい園が存在している。

問7　1日の業務の中で「事務に係る時間」をどの程度確保できているか

【運営団体別】

公　立

	回答数	%
全　体	255	100.0
無回答○	5	2.0
30 分未満程度☺	27	10.6
30 分〜45 分程度◯	51	20.0
45 分〜1 時間程度◒	69	27.1
1 時間〜1 時間 30 分程度◔	49	19.2
1 時間 30 分以上●	54	21.2

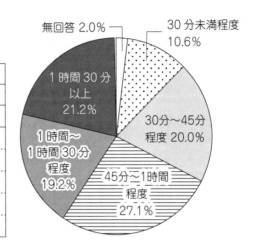

私　立

	回答数	%
全　体	519	100.0
無回答○	15	2.9
30 分未満程度☺	84	16.2
30 分〜45 分程度◯	115	22.2
45 分〜1 時間程度◒	111	21.4
1 時間〜1 時間 30 分程度◔	92	17.7
1 時間 30 分以上●	102	19.7

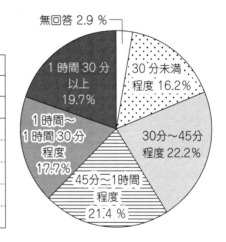

公設民営

	回答数	%
全　体	57	100.0
無回答○	1	1.8
30 分未満程度☺	8	14.0
30 分〜45 分程度◯	12	21.1
45 分〜1 時間程度◒	12	21.1
1 時間〜1 時間 30 分程度◔	7	12.3
1 時間 30 分以上●	17	29.8

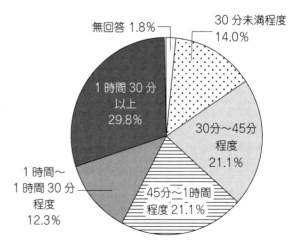

【規模別】

50 名以下

	回答数	%
全　体	58	100.0
無回答○	1	1.7
30 分未満程度☺	7	12.1
30 分～ 45 分程度◯	16	27.6
45 分～ 1 時間程度⊜	11	19.0
1 時間～ 1 時間 30 分程度◐	9	15.5
1 時間 30 分以上●	14	24.1

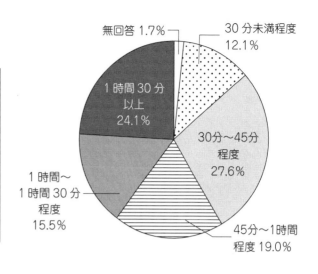

50～100 名

	回答数	%
全　体	368	100.0
無回答○	10	2.7
30 分未満程度☺	58	15.8
30 分～ 45 分程度◯	75	20.4
45 分～ 1 時間程度⊜	87	23.6
1 時間～ 1 時間 30 分程度◐	66	17.9
1 時間 30 分以上●	72	19.6

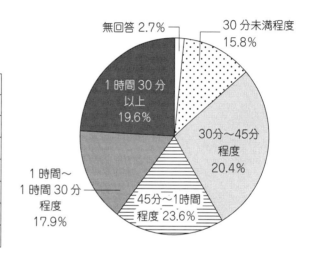

101名以上

	回答数	%
全　体	390	100.0
無回答○	9	2.3
30 分未満程度☺	53	13.6
30 分～ 45 分程度◯	84	21.5
45 分～ 1 時間程度⊜	84	21.5
1 時間～ 1 時間 30 分程度◐	72	18.5
1 時間 30 分以上●	88	22.6

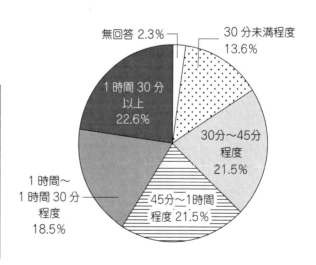

【記入者別】

主　任

	回答数	%
全　体	172	100.0
無回答○	3	1.7
30 分未満程度☺	5	2.9
30 分～ 45 分程度◯	16	9.3
45 分～ 1 時間程度⊜	19	11.0
1 時間～ 1 時間 30 分程度◍	24	14.0
1 時間 30 分以上●	105	61.0

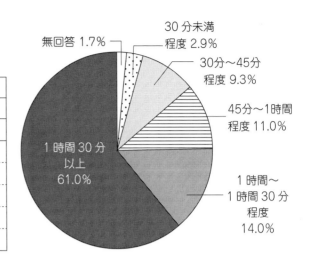

副主任

	回答数	%
全　体	71	100.0
無回答○	4	5.6
30 分未満程度☺	14	19.7
30 分～ 45 分程度◯	9	12.7
45 分～ 1 時間程度⊜	15	21.1
1 時間～ 1 時間 30 分程度◍	19	26.8
1 時間 30 分以上●	10	14.1

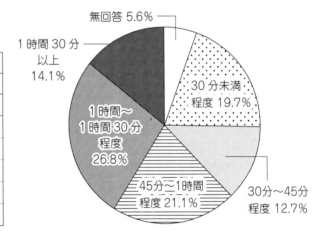

リーダー

	回答数	%
全　体	70	100.0
無回答○	1	1.4
30 分未満程度☺	12	17.1
30 分～ 45 分程度◯	22	31.4
45 分～ 1 時間程度⊜	19	27.1
1 時間～ 1 時間 30 分程度◍	11	15.7
1 時間 30 分以上●	5	7.1

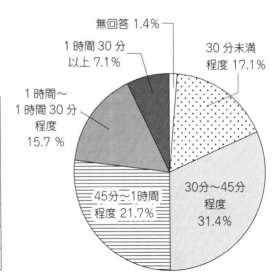

担　任

	回答数	%
全 体	346	100.0
無回答○	7	2.0
30 分未満程度☺	68	19.7
30 分〜 45 分程度◯	88	25.4
45 分〜 1 時間程度⊜	108	31.2
1 時間〜 1 時間 30 分程度◔	64	18.5
1 時間 30 分以上●	11	3.2

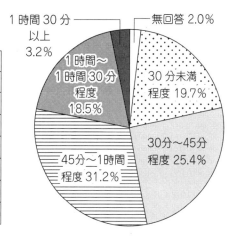

フリー

	回答数	%
全 体	49	100.0
無回答○	2	4.1
30 分未満程度☺	8	16.3
30 分〜 45 分程度◯	17	34.7
45 分〜 1 時間程度⊜	8	16.3
1 時間〜 1 時間 30 分程度◔	7	14.3
1 時間 30 分以上●	7	14.3

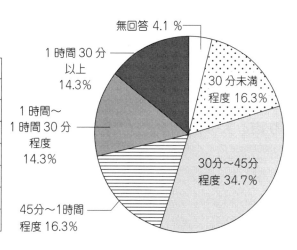

その他

	回答数	%
全 体	72	100.0
無回答○	0	0.0
30 分未満程度☺	9	12.5
30 分〜 45 分程度◯	10	13.9
45 分〜 1 時間程度⊜	12	16.7
1 時間〜 1 時間 30 分程度◔	11	15.3
1 時間 30 分以上●	30	41.7

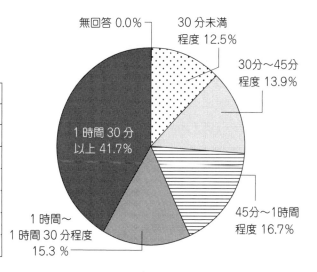

【経験年数別】

1年以下

	回答数	%
全　体	37	100.0
無回答○	0	0.0
30分未満程度☺	9	24.3
30分～45分程度◯	9	24.3
45分～1時間程度⊜	10	27.0
1時間～1時間30分程度◉	8	21.6
1時間30分以上●	1	2.7

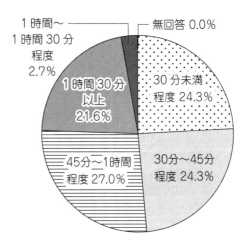

2～5年未満

	回答数	%
全　体	94	100.0
無回答○	3	3.2
30分未満程度☺	17	18.1
30分～45分程度◯	22	23.4
45分～1時間程度⊜	24	25.5
1時間～1時間30分程度◉	19	20.2
1時間30分以上●	9	9.6

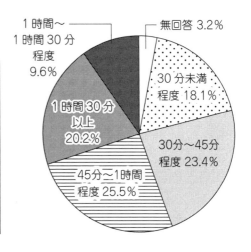

5～8年未満

	回答数	%
全　体	102	100.0
無回答○	0	0.0
30分未満程度☺	14	13.7
30分～45分程度◯	34	33.3
45分～1時間程度⊜	25	24.5
1時間～1時間30分程度◉	22	21.6
1時間30分以上●	7	6.9

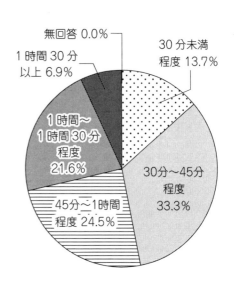

8年以上

	回答数	%
全　体	540	100.0
無回答○	16	3.0
30分未満程度☺	71	13.1
30分～45分程度◯	104	19.3
45分～1時間程度⊜	119	22.0
1時間～1時間30分程度◉	89	16.5
1時間30分以上●	141	26.1

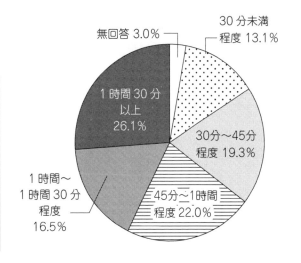

　P.13の表のとおり全体で見た場合、30分未満と回答した園は119件（14.2％）となった。パーセンテージは低いが、実際に119園が限られた時間の中で事務時間をやりくりしていることが分かる。一方で、事務にかかる時間が1時間半以上と回答した園も174園20.8％あり、事務時間の確保については、結果が大きく分かれている。

　運営種別（公立・私立別）では、事務にかかる時間の確保が30分未満と回答した園が、公立では27件（10.6％）、私立84件（16.2％）というデータとなった。さらに公立が45分以上確保できている回答の合計が172件（67.5％）であるのに対して、私立は305件（58.8％）という割合で見ると低い数字となり、私立が公立より事務にかかる時間の確保が難しく、確保できていない様子がわかった。

　規模別では、各時間帯によりばらつきがある結果となり、関連性が少ないことがわかった。

　記入者別では、主任保育士は1時間30分以上と回答したのが105件（61％）と最も高いのに対し、副主任・リーダーでは、45分～1時間程度、1時間～1時間半程度のところに山があり、担任では、30分～45分程度、45分～1時間程度のところ山ができている。主任・副主任・リーダー・担任・フリーとなるにつれて、事務時間の確保が少なくなっている実態がわかる。

　また、保育士の経験年数では、ベテランになるにつれ、時間が確保できている傾向があり、8年以上となると、1時間半以上の事務時間を確保できていると回答した園が141件（26.1％）となった。

問8　1日の業務時間中に、子どもから離れる「ノンコンタクトタイム」をどの程度確保できているか

【区市町村別】

区　部

	回答数	％
全　体	549	100.0
無回答〇	15	2.7
30分未満程度☺	202	36.8
30分〜45分程度◯	103	18.8
45分〜1時間程度☰	70	12.8
1時間〜1時間30分程度◐	53	9.7
1時間30分以上●	106	19.3

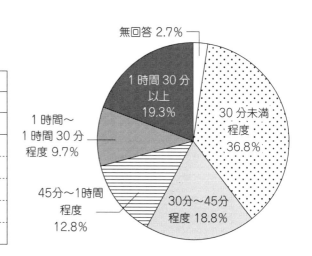

市町村部

	回答数	％
全　体	282	100.0
無回答〇	8	2.8
30分未満程度☺	116	41.1
30分〜45分程度◯	52	18.4
45分〜1時間程度☰	39	13.8
1時間〜1時間30分程度◐	25	8.9
1時間30分以上●	42	14.9

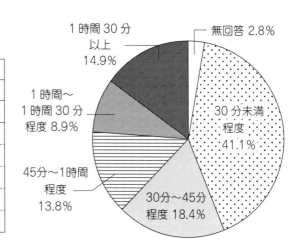

【運営団体別】

公　立

	回答数	％
全　体	255	100.0
無回答〇	7	2.7
30分未満程度☺	86	33.7
30分〜45分程度◯	49	19.2
45分〜1時間程度☰	35	13.7
1時間〜1時間30分程度◐	27	10.6
1時間30分以上●	51	20.0

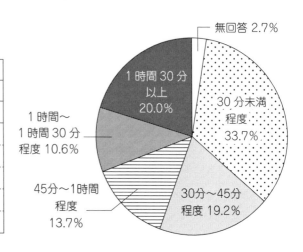

Ⅱ

私　立

	回答数	％
全　体	519	100.0
無回答○	13	2.5
30 分未満程度☺	217	41.8
30 分〜 45 分程度◑	94	18.1
45 分〜 1 時間程度⊜	67	12.9
1 時間〜 1 時間 30 分程度◔	44	8.5
1 時間 30 分以上●	84	16.2

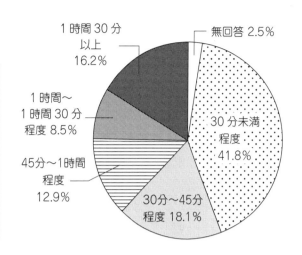

公設民営

	回答数	％
全　体	57	100.0
無回答○	3	5.3
30 分未満程度☺	16	28.1
30 分〜 45 分程度◑	13	22.8
45 分〜 1 時間程度⊜	5	8.8
1 時間〜 1 時間 30 分程度◔	7	12.3
1 時間 30 分以上●	13	22.8

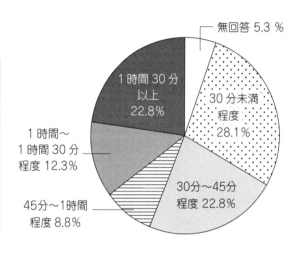

【規模別】

50 名以下

	回答数	％
全　体	58	100.0
無回答○	1	1.7
30 分未満程度☺	26	44.8
30 分〜 45 分程度◑	10	17.2
45 分〜 1 時間程度⊜	7	12.1
1 時間〜 1 時間 30 分程度◔	6	10.3
1 時間 30 分以上●	8	13.8

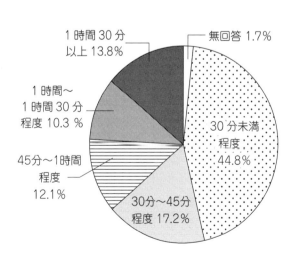

51～100名

	回答数	％
全　体	368	100.0
無回答○	11	3.0
30 分未満程度☺	150	40.8
30 分〜45 分程度◐	69	18.8
45 分〜1 時間程度⊜	47	12.8
1 時間〜1 時間 30 分程度◓	32	8.7
1 時間 30 分以上●	59	16.0

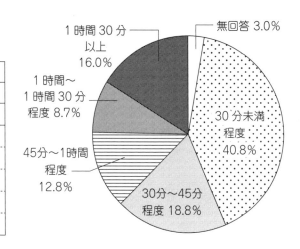

101名以上

	回答数	％
全　体	390	100.0
無回答○	11	2.8
30 分未満程度☺	135	34.6
30 分〜45 分程度◐	74	19.0
45 分〜1 時間程度⊜	50	12.8
1 時間〜1 時間 30 分程度◓	39	10.0
1 時間 30 分以上●	81	20.8

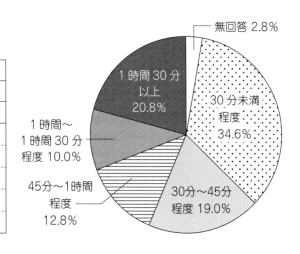

【記入者別】

主　任

	回答数	％
全　体	172	100.0
無回答○	6	3.5
30 分未満程度☺	25	14.5
30 分〜45 分程度◐	18	10.5
45 分〜1 時間程度⊜	15	8.7
1 時間〜1 時間 30 分程度◓	20	11.6
1 時間 30 分以上●	88	51.2

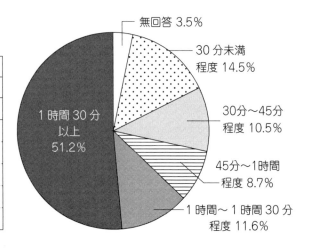

副主任

	回答数	%
全　体	71	100.0
無回答○	4	5.6
30分未満程度◌	31	43.7
30分～45分程度●	11	15.5
45分～1時間程度⊜	8	11.3
1時間～1時間30分程度●	8	4.2
1時間30分以上●	14	19.7

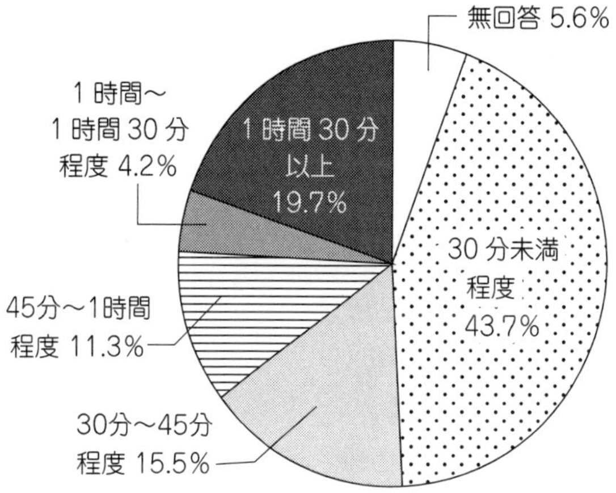

リーダー

	回答数	%
全　体	70	100.0
無回答○	0	0.0
30分未満程度◌	29	41.4
30分～45分程度●	20	28.6
45分～1時間程度⊜	10	14.3
1時間～1時間30分程度●	10	14.3
1時間30分以上●	1	1.4

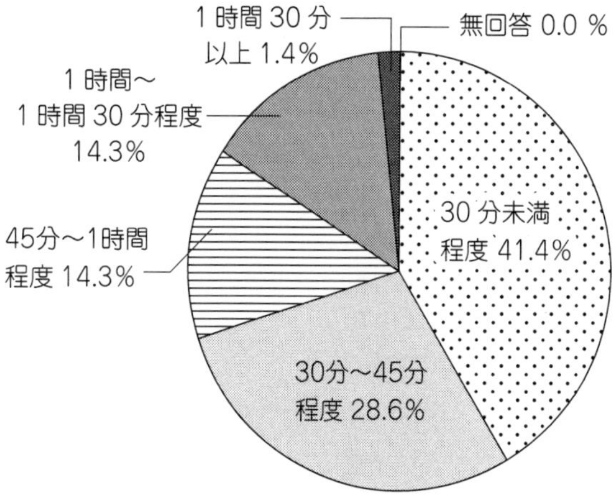

担　任

	回答数	%
全　体	346	100.0
無回答○	6	1.7
30分未満程度◌	185	53.5
30分～45分程度●	71	20.5
45分～1時間程度⊜	56	16.2
1時間～1時間30分程度●	22	6.4
1時間30分以上●	6	1.7

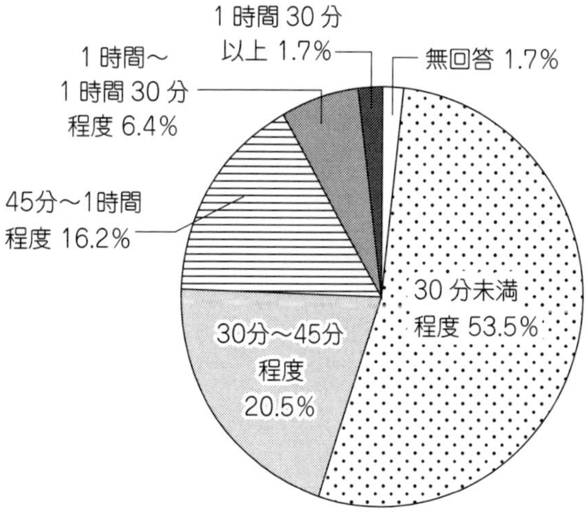

フリー

	回答数	%
全　体	49	100.0
無回答◯	3	6.1
30 分未満程度☺	8	16.3
30 分〜 45 分程度◒	13	26.5
45 分〜 1 時間程度◓	8	16.3
1 時間〜 1 時間 30 分程度◔	16	12.2
1 時間 30 分以上●	11	22.4

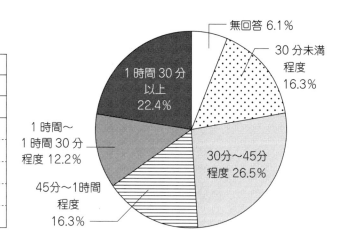

その他

	回答数	%
全　体	72	100.0
無回答◯	3	4.2
30 分未満程度☺	22	30.6
30 分〜 45 分程度◒	10	13.9
45 分〜 1 時間程度◓	3	4.2
1 時間〜 1 時間 30 分程度◔	11	15.3
1 時間 30 分以上●	23	31.9

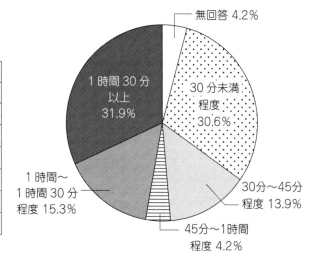

【経験年数別】

1 年以下

	回答数	%
全　体	37	100.0
無回答◯	1	2.7
30 分未満程度☺	16	43.2
30 分〜 45 分程度◒	7	18.9
45 分〜 1 時間程度◓	10	27.0
1 時間〜 1 時間 30 分程度◔	1	2.7
1 時間 30 分以上●	2	5.4

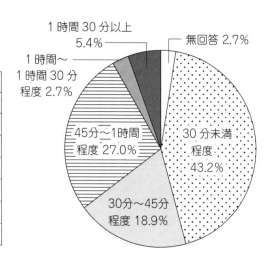

2～5年未満

	回答数	%
全　体	94	100.0
無回答○	2	2.1
30 分未満程度☺	46	48.9
30 分～ 45 分程度◔	18	19.1
45 分～１時間程度◒	17	18.1
１時間～１時間 30 分程度◕	6	6.4
１時間 30 分以上●	5	5.3

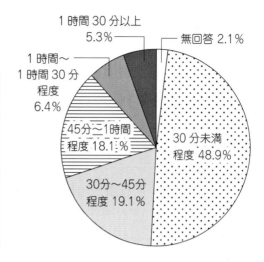

5～8年未満

	回答数	%
全　体	102	100.0
無回答○	1	1.0
30 分未満程度☺	50	49.0
30 分～ 45 分程度◔	18	17.6
45 分～１時間程度◒	13	12.7
１時間～１時間 30 分程度◕	12	11.8
１時間 30 分以上●	8	7.8

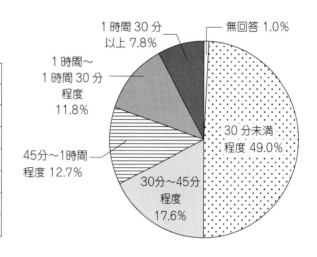

8年以上

	回答数	%
全　体	540	100.0
無回答○	12	2.2
30 分未満程度☺	184	31.4
30 分～ 45 分程度◔	106	19.6
45 分～１時間程度◒	60	11.1
１時間～１時間 30 分程度◕	55	10.2
１時間 30 分以上●	123	22.8

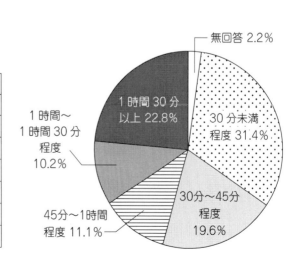

Ⅱ

P.14 の表のとおり全体で見た場合、ノンコンタクトタイムの確保時間は、30 分未満と回答した園が 321 件（38.4％）と 1 番多かった。一方で 1 時間半以上と回答した園も 149 件（17.8％）見られた。

　運営種別では、30 分未満と回答したのは公立 86 件（33.7％）、私立 217 件（41.8％）、公設民営 16 件（28.1％）という結果となり、私立園では特に高い割合でノンコンタクトタイムを取得できる環境が整っていない状況がわかった。各時間帯で見た場合、若干ではあるが公立が私立よりノンコンタクトタイムが取れている結果となった。

　規模別では、30 分未満と回答した園が、規模が小さくなるほど高い数字となった。

　記入者別では、主任保育士は 1 時間 30 分以上確保できていると回答したのが 88 件（51.2％）と高い数字となったが、これは事務にかかわる仕事量が多いための結果であることが想定される。反対に主に子どもの保育にあたっている副主任・リーダー・担任では、30 分未満の数字が高い数字となっている。（43.7％・41.4％・53.5％）

　保育士の経験年数では、30 分未満と回答したのが 1 年以下では 16 件（43.2％）、2 年～5 年未満は 46 件（48.9％）、5 年～8 年未満は 50 件（49％）、8 年以上は、184 件（34.1％）となった。

　上記の通り全体的に見ると、日常の業務時間中にノンコンタクトタイムを 30 分未満しか取れていない割合が最も高いという結果が読み取れたが、経験年数 8 年以上の人の中には 1 時間半以上とれていると回答した件数が 123 件（22.8％）あり、人によって回答が分かれる結果となった。

Ⅱ

問11　時間外勤務をしている場合、1か月平均の時間外勤務

※申請の有無にかかわらず、勤務時間外となるものを聞いています。

【運営団体別】

公立

	回答数	%
全　体	243	100.0
3時間未満	14	5.8
3〜6時間未満	48	19.8
6〜10時間未満	30	12.3
10〜15時間未満	53	21.8
15〜20時間未満	26	10.7
20〜30時間未満	39	16.0
30〜40時間未満	11	4.5
40〜50時間未満	6	2.5
50〜60時間未満	5	2.1
60時間以上	1	0.4
無回答	10	4.1

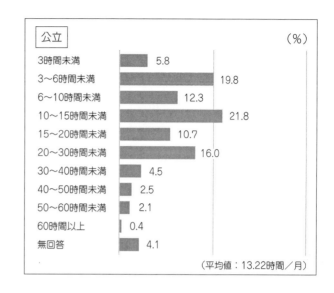

（平均値：13.22時間／月）

私立

	回答数	%
全　体	408	100.0
3時間未満	95	23.3
3〜6時間未満	94	23.0
6〜10時間未満	30	7.4
10〜15時間未満	63	15.4
15〜20時間未満	29	7.1
20〜30時間未満	41	10.0
30〜40時間未満	8	2.0
40〜50時間未満	4	1.0
50〜60時間未満	1	0.2
60時間以上	4	1.0
無回答	39	9.6

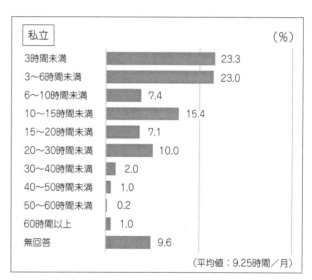

（平均値：9.25時間／月）

公設民営

	回答数	%
全　体	41	100.0
3時間未満	3	7.3
3〜6時間未満	15	36.6
6〜10時間未満	6	14.6
10〜15時間未満	4	9.8
15〜20時間未満	0	0.0
20〜30時間未満	2	4.9
30〜40時間未満	2	4.9
40〜50時間未満	0	0.0
50〜60時間未満	0	0.0
60時間以上	0	0.0
無回答	9	22.0

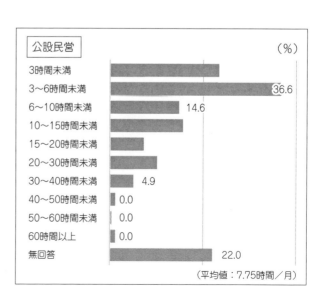

（平均値：7.75時間／月）

【記入者別】

主任

	回答数	%
全　体	146	100.0
3 時間未満	15	10.3
3〜6 時間未満	28	19.2
6〜10 時間未満	10	6.8
10〜15 時間未満	28	19.2
15〜20 時間未満	14	9.6
20〜30 時間未満	24	16.4
30〜40 時間未満	6	4.1
40〜50 時間未満	4	2.7
50〜60 時間未満	1	0.7
60 時間以上	2	1.4
無回答	14	9.6

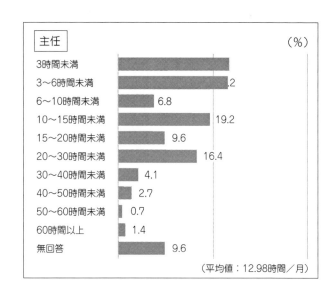

副主任

	回答数	%
全　体	54	100.0
3 時間未満	9	16.7
3〜6 時間未満	17	31.5
6〜10 時間未満	4	7.4
10〜15 時間未満	9	16.7
15〜20 時間未満	4	7.4
20〜30 時間未満	7	13.0
30〜40 時間未満	0	0.0
40〜50 時間未満	0	0.0
50〜60 時間未満	0	0.0
60 時間以上	0	0.0
無回答	4	7.4

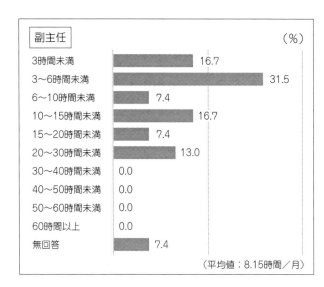

リーダー

	回答数	%
全　体	50	100.0
3 時間未満	15	30.0
3〜6 時間未満	13	26.0
6〜10 時間未満	5	10.0
10〜15 時間未満	4	8.0
15〜20 時間未満	3	6.0
20〜30 時間未満	6	12.0
30〜40 時間未満	1	2.0
40〜50 時間未満	0	0.0
50〜60 時間未満	0	0.0
60 時間以上	0	0.0
無回答	3	6.0

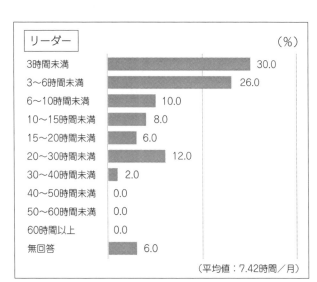

担　任

	回答数	%
全　体	297	100.0
3 時間未満	49	16.5
3 〜 6 時間未満	66	22.2
6 〜 10 時間未満	34	11.4
10 〜 15 時間未満	57	19.2
15 〜 20 時間未満	23	7.7
20 〜 30 時間未満	31	10.4
30 〜 40 時間未満	8	2.7
40 〜 50 時間未満	3	1.0
50 〜 60 時間未満	3	1.0
60 時間以上	3	1.0
無回答	20	6.7

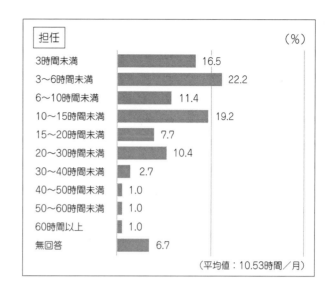

フリー

	回答数	%
全　体	40	100.0
3 時間未満	11	30.0
3 〜 6 時間未満	8	26.0
6 〜 10 時間未満	5	10.0
10 〜 15 時間未満	4	8.0
15 〜 20 時間未満	4	6.0
20 〜 30 時間未満	2	12.0
30 〜 40 時間未満	2	2.0
40 〜 50 時間未満	0	0.0
50 〜 60 時間未満	0	0.0
60 時間以上	0	0.0
無回答	4	6.0

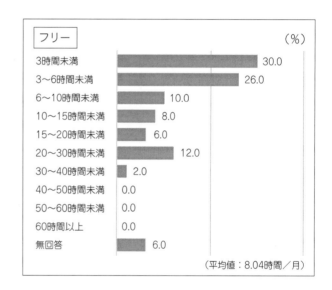

その他

	回答数	%
全　体	61	100.0
3 時間未満	6	9.8
3 〜 6 時間未満	13	21.3
6 〜 10 時間未満	4	6.6
10 ‥ 15 時間未満	11	18.0
15 〜 20 時間未満	4	6.6
20 〜 30 時間未満	9	14.8
30 〜 40 時間未満	3	4.9
40 〜 50 時間未満	3	4.9
50 〜 60 時間未満	1	1.6
60 時間以上	0	0.0
無回答	7	11.5

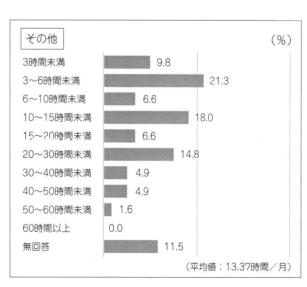

【経験年数別】

1年以下

	回答数	％
全　体	27	100.0
3 時間未満	7	25.9
3～6 時間未満	6	22.2
6～10 時間未満	3	11.1
10～15 時間未満	4	14.8
15～20 時間未満	2	7.4
20～30 時間未満	1	3.7
30～40 時間未満	2	7.4
40～50 時間未満	0	0.0
50～60 時間未満	0	0.0
60 時間以上	0	0.0
無回答	2	4.1

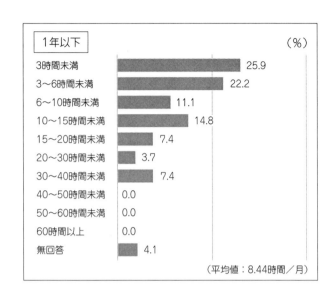

2～5年未満

	回答数	％
全　体	82	100.0
3 時間未満	17	20.7
3～6 時間未満	21	25.6
6～10 時間未満	11	13.4
10～15 時間未満	10	12.2
15～20 時間未満	8	9.8
20～30 時間未満	9	11.0
30～40 時間未満	0	0.0
40～50 時間未満	0	0.0
50～60 時間未満	1	1.2
60 時間以上	2	2.4
無回答	3	3.7

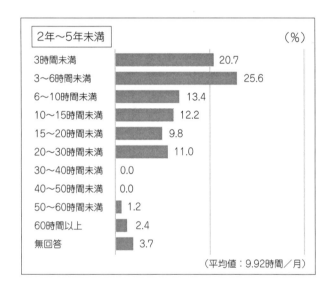

5～8年未満

	回答数	％
全　体	83	100.0
3 時間未満	13	15.7
3～6 時間未満	16	19.3
6～10 時間未満	7	8.4
10～15 時間未満	20	24.1
15～20 時間未満	5	6.0
20～30 時間未満	8	9.6
30～40 時間未満	5	6.0
40～50 時間未満	2	2.4
50～60 時間未満	1	1.2
60 時間以上	1	1.2
無回答	5	6.0

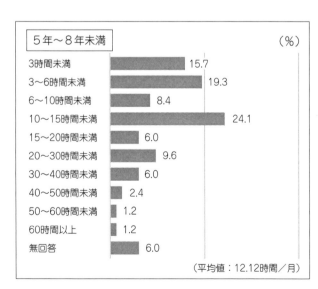

8年以上	回答数	％
全　体	454	100.0
3 時間未満	69	15.2
3 ～ 6 時間未満	103	22.7
6 ～ 10 時間未満	38	8.4
10 ～ 15 時間未満	79	17.4
15 ～ 20 時間未満	36	7.9
20 ～ 30 時間未満	60	13.2
30 ～ 40 時間未満	14	3.1
40 ～ 50 時間未満	8	1.8
50 ～ 60 時間未満	4	0.9
60 時間以上	2	0.4
無回答	41	9.0

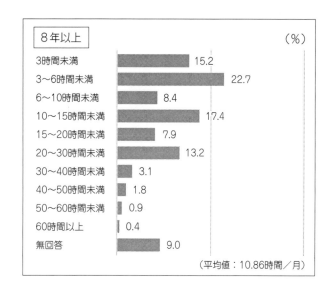

　運営団体別では 1 番時間外勤務が長いのは公立で、平均値が 13.22 時間、私立は 9.25 時間、公設民営は 7.75 時間と差が見られた。公立では、10 ～ 15 時間が 53 件（21.8％）で 1 番多く、30 時間以上の残業も 1 割程度確認できる。私立では 3 時間未満が 95 件（23.3％）、3 ～ 6 時間未満が 94 件（各 23.0％）で回答数 408 件の約半数が残業 6 時間未満であることがわかる。30 時間以上の残業も 4.2％で、9.5％の公立にくらべて恒常的に残業が少ないことが分かる。公設民営では 3 ～ 6 時間未満が 15 件（36.6％）で 1 番多かった。運営団体別では単純な回答数で比較すると母数に差があるため一概には言えないが、割合で見ると公立の残業が多い事がわかった。

　役職別で見ると主任保育士が 12.98 時間と多く、担任、副主任保育士、フリーと少なくなっている。経験年数別でみると、保育士の経験年数が長いほど、残業時間が長くなっている傾向が読み取れる。

問14　1週間にどの程度持ち帰り仕事をしているか

【運営団体別】

公　立

	回答数	％
全　体	168	100.0
無回答○	4	2.4
30 分未満程度 / 週 ☺	33	19.6
30 分～ 1 時間程度 / 週 ○	55	32.7
1 時間～ 1 時間 30 分程度程度 / 週 ⊜	39	23.2
1 時間 30 分～ 2 時間程度 / 週 ◓	18	10.7
2 時間以上 ●	19	11.3

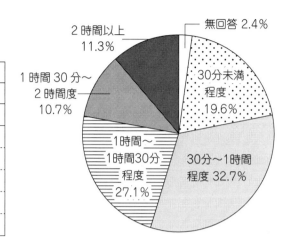

私　立

	回答数	％
全　体	307	100.0
無回答○	9	2.9
30 分未満程度 / 週 ☺	79	25.7
30 分～ 1 時間程度 / 週 ○	103	33.6
1 時間～ 1 時間 30 分程度程度 / 週 ⊜	51	16.6
1 時間 30 分～ 2 時間程度 / 週 ◓	36	11.7
2 時間以上 ●	29	9.4

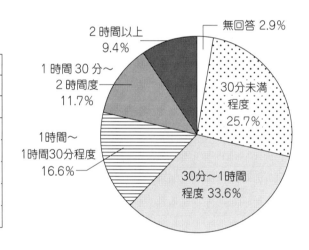

公設民営

	回答数	％
全　体	21	100.0
無回答○	0	0.0
30 分未満程度 / 週 ☺	7	33.3
30 分～ 1 時間程度 / 週 ○	8	38.1
1 時間～ 1 時間 30 分程度程度 / 週 ⊜	1	4.8
1 時間 30 分～ 2 時間程度 / 週 ◓	3	14.3
2 時間以上 ●	2	9.5

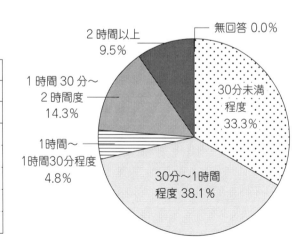

Ⅱ

【記入者別】

主　任

	回答数	％
全　体	91	100.0
無回答○	4	4.4
30 分未満程度 / 週 ☺	16	17.6
30 分〜 1 時間程度 / 週 ◯	28	30.8
1 時間〜 1 時間 30 分程度程度 / 週 ⊜	21	23.1
1 時間 30 分〜 2 時間程度 / 週 ◍	14	15.4
2 時間以上 ●	8	8.8

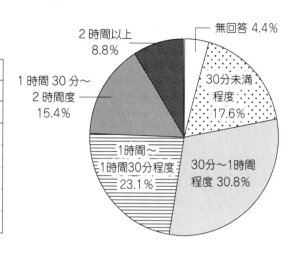

副主任

	回答数	％
全　体	43	100.0
無回答○	0	0.0
30 分未満程度 / 週 ☺	7	16.3
30 分〜 1 時間程度 / 週 ◯	19	44.2
1 時間〜 1 時間 30 分程度程度 / 週 ⊜	8	18.6
1 時間 30 分〜 2 時間程度 / 週 ◍	4	9.3
2 時間以上 ●	5	11.6

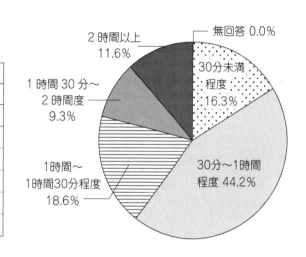

リーダー

	回答数	％
全　体	43	100.0
無回答○	1	2.3
30 分未満程度 / 週 ☺	16	37.2
30 分〜 1 時間程度 / 週 ◯	12	27.9
1 時間〜 1 時間 30 分程度程度 / 週 ⊜	6	14.0
1 時間 30 分〜 2 時間程度 / 週 ◍	5	11.6
2 時間以上 ●	3	7.0

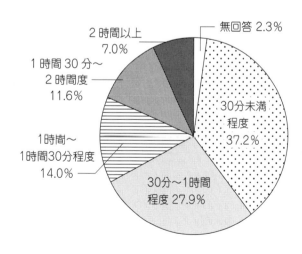

Ⅱ

75

担　任

	回答数	％
全　体	222	100.0
無回答○	5	0.0
30 分未満程度 / 週 ☺	54	24.3
30 分～１時間程度 / 週 ◯	71	32.0
１時間～１時間 30 分程度程度 / 週 ⊜	43	19.4
１時間 30 分～２時間程度 / 週 ◓	24	10.8
２時間以上 ●	25	11.3

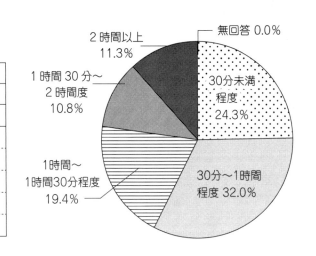

フリー

	回答数	％
全　体	26	100.0
無回答○	1	3.8
30 分未満程度 / 週 ☺	5	19.2
30 分～１時間程度 / 週 ◯	11	42.3
１時間～１時間 30 分程度程度 / 週 ⊜	5	19.2
１時間 30 分～２時間程度 / 週 ◓	3	11.5
２時間以上 ●	1	3.8

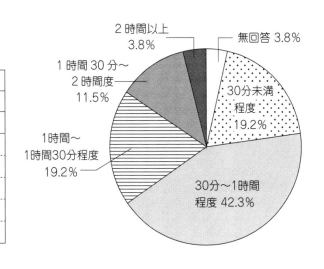

その他

	回答数	％
全　体	40	100.0
無回答○	0	0.0
30 分未満程度 / 週 ☺	12	30.0
30 分～１時間程度 / 週 ◯	12	30.0
１時間～１時間 30 分程度程度 / 週 ⊜	4	10.0
１時間 30 分～２時間程度 / 週 ◓	6	15.0
２時間以上 ●	6	15.0

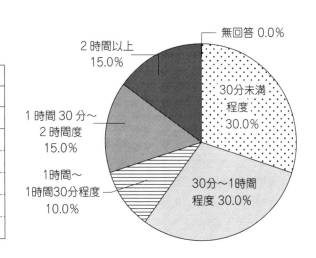

【経験年数別】

1 年以下

	回答数	%
全　体	20	100.0
無回答○	0	0.0
30 分未満程度 / 週 ☺	5	25.0
30 分〜 1 時間程度 / 週 ◯	7	35.0
1 時間〜 1 時間 30 分程度程度 / 週 ◔	3	15.0
1 時間 30 分〜 2 時間程度 / 週 ◕	2	10.0
2 時間以上 ●	3	15.0

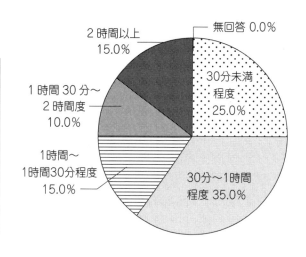

2〜5 年未満

	回答数	%
全　体	54	100.0
無回答○	1	1.9
30 分未満程度 / 週 ☺	17	31.5
30 分〜 1 時間程度 / 週 ◯	17	31.5
1 時間〜 1 時間 30 分程度程度 / 週 ◔	9	16.7
1 時間 30 分〜 2 時間程度 / 週 ◕	5	9.3
2 時間以上 ●	5	9.3

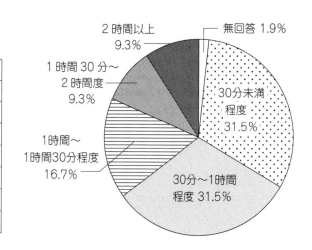

5〜8 年未満

	回答数	%
全　体	67	100.0
無回答○	0	0.0
30 分未満程度 / 週 ☺	18	26.9
30 分〜 1 時間程度 / 週 ◯	22	32.8
1 時間〜 1 時間 30 分程度程度 / 週 ◔	15	22.4
1 時間 30 分〜 2 時間程度 / 週 ◕	7	10.4
2 時間以上 ●	5	7.5

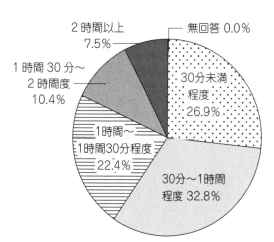

8年以上

	回答数	%
全　体	322	100.0
無回答○	9	2.8
30分未満程度／週 ☺	67	20.8
30分〜1時間程度／週 ○	108	33.5
1時間〜1時間30分程度程度／週 ⊜	64	19.9
1時間30分〜2時間程度／週 ◍	41	12.7
2時間以上 ●	33	10.2

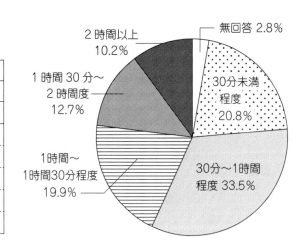

　1週間の持ち帰りの仕事時間に対しては、P.20の単純集計結果を見て分かる通り、30分〜1時間が最も多かった。公立でも168件中55件（32％）、公設民営でも8件（38％）とどの運営団体でも差がなく3割が30分〜1時間と答えている。どの運営団体を見ても持ち帰り仕事に関して概ね1時間以内の持ち帰りがある事がわかる。公私で比べると公立が1時間〜1時間半の項目でも20％を超えており、若干ではあるが多いことが分かる。

　記入者については、どの経験年数も30％を超えての回答があったのが30分〜1時間であった。

　経験年数別でみるとどの年数でも2時間以上が1割程度になっているので、持ち帰り仕事は週1時間程度あることが分かる。長年、保育園で勤務している職員は一見、自分が若手のころと比較すると改善しているような印象を持ちがちだが、その背景として個人情報保護法等の施行により持ち帰りできる仕事が減ってきていることなども考えられる。

問15　保護者対応について

【運営団体別】

公　立

	回答数	％
全　体	255	100.0
無回答○	2	0.8
対応に悩まされるようなことはない☺	36	14.1
対応に悩まされることは生じるが、負担になるほどではない◯	165	64.7
対応に悩まされることが頻繁に生じ、負担になっている⊜	51	20.0
わからない⬤	1	0.4

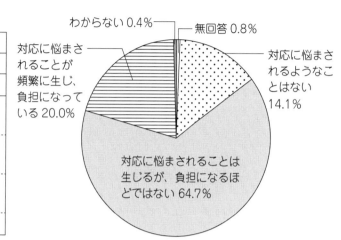

私　立

	回答数	％
全　体	519	100.0
無回答○	3	0.6
対応に悩まされるようなことはない☺	62	11.9
対応に悩まされることは生じるが、負担になるほどではない◯	370	71.3
対応に悩まされることが頻繁に生じ、負担になっている⊜	72	13.9
わからない⬤	12	2.3

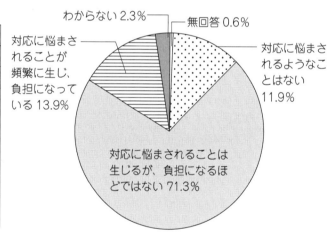

公設民営

	回答数	％
全　体	57	100.0
無回答○	0	0.0
対応に悩まされるようなことはない☺	6	10.5
対応に悩まされることは生じるが、負担になるほどではない◯	40	70.2
対応に悩まされることが頻繁に生じ、負担になっている⊜	9	15.8
わからない⬤	2	3.5

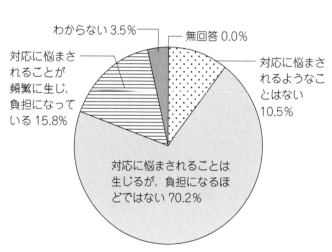

【規模別】

50名以下

	回答数	%
全　体	58	100.0
無回答○	1	1.7
対応に悩まされるようなことはない☺	4	6.9
対応に悩まされることは生じるが、負担になるほどではない◯	41	70.7
対応に悩まされることが頻繁に生じ、負担になっている⊜	12	20.7
わからない●	0	0.0

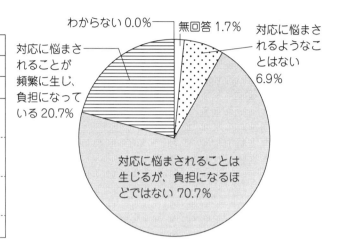

51～100名

	回答数	%
全　体	368	100.0
無回答○	2	0.5
対応に悩まされるようなことはない☺	61	16.6
対応に悩まされることは生じるが、負担になるほどではない◯	242	65.8
対応に悩まされることが頻繁に生じ、負担になっている⊜	54	14.7
わからない●	9	2.4

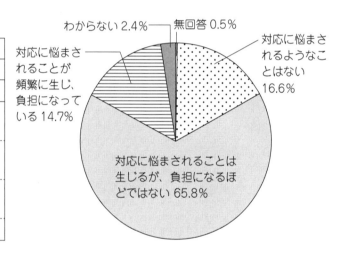

101名以上

	回答数	%
全　体	390	100.0
無回答○	2	0.5
対応に悩まされるようなことはない☺	40	10.3
対応に悩まされることは生じるが、負担になるほどではない◯	279	71.5
対応に悩まされることが頻繁に生じ、負担になっている⊜	64	16.4
わからない●	5	1.3

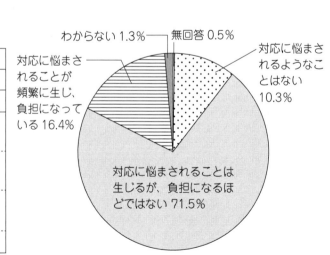

【記入者別】

主　任

	回答数	％
全　体	172	100.0
無回答〇	1	0.6
対応に悩まされるようなことはない ☺	18	10.5
対応に悩まされることは生じるが、負担になるほどではない 〇	122	70.9
対応に悩まされることが頻繁に生じ、負担になっている ⊜	29	16.9
わからない ●	2	1.2

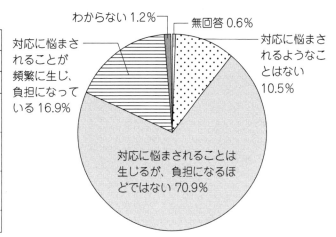

わからない 1.2%　無回答 0.6%
対応に悩まされることが頻繁に生じ、負担になっている 16.9%
対応に悩まされるようなことはない 10.5%
対応に悩まされることは生じるが、負担になるほどではない 70.9%

副主任

	回答数	％
全　体	71	100.0
無回答〇	0	0.0
対応に悩まされるようなことはない ☺	9	12.7
対応に悩まされることは生じるが、負担になるほどではない 〇	48	67.6
対応に悩まされることが頻繁に生じ、負担になっている ⊜	14	19.7
わからない ●	0	0.0

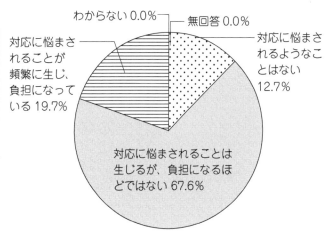

わからない 0.0%　無回答 0.0%
対応に悩まされることが頻繁に生じ、負担になっている 19.7%
対応に悩まされるようなことはない 12.7%
対応に悩まされることは生じるが、負担になるほどではない 67.6%

リーダー

	回答数	％
全　体	70	100.0
無回答〇	1	0.6
対応に悩まされるようなことはない ☺	9	12.9
対応に悩まされることは生じるが、負担になるほどではない 〇	46	65.7
対応に悩まされることが頻繁に生じ、負担になっている ⊜	13	18.6
わからない ●	1	1.4

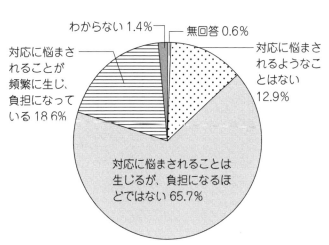

わからない 1.4%　無回答 0.6%
対応に悩まされることが頻繁に生じ、負担になっている 18.6%
対応に悩まされるようなことはない 12.9%
対応に悩まされることは生じるが、負担になるほどではない 65.7%

担 任

	回答数	%
全 体	346	100.0
無回答○	3	0.9
対応に悩まされるようなことはない ⊙	46	13.3
対応に悩まされることは生じるが、負担になるほどではない ◯	242	69.9
対応に悩まされることが頻繁に生じ、負担になっている ⊜	52	15.0
わからない ●	3	0.9

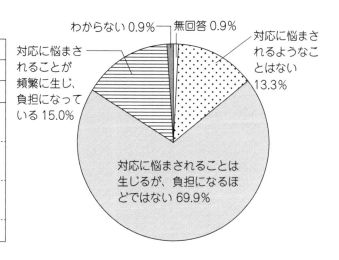

フリー

	回答数	%
全 体	49	100.0
無回答○	0	0.0
対応に悩まされるようなことはない ⊙	8	16.3
対応に悩まされることは生じるが、負担になるほどではない ◯	34	69.4
対応に悩まされることが頻繁に生じ、負担になっている ⊜	5	10.2
わからない ●	2	4.1

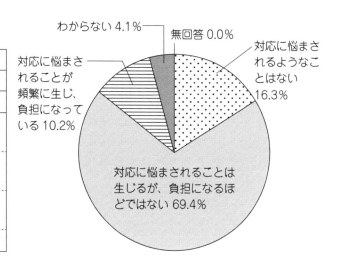

その他

	回答数	%
全 体	72	100.0
無回答○	0	0.0
対応に悩まされるようなことはない ⊙	6	8.3
対応に悩まされることは生じるが、負担になるほどではない ◯	46	63.9
対応に悩まされることが頻繁に生じ、負担になっている ⊜	15	20.8
わからない ●	5	6.9

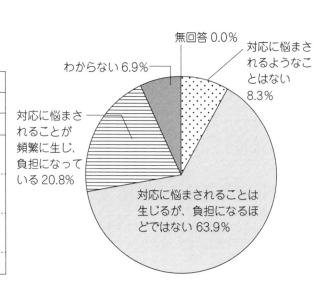

【経験年数別】

1年以下

	回答数	%
全　体	37	100.0
無回答○	0	0.0
対応に悩まされるようなことはない ☺	11	29.7
対応に悩まされることは生じるが、負担になるほどではない ◯	22	59.5
対応に悩まされることが頻繁に生じ、負担になっている ⊜	1	2.7
わからない ●	3	8.1

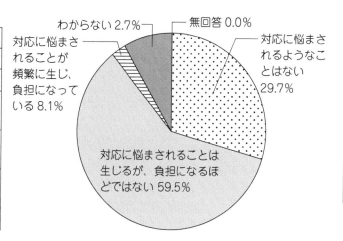

2年～5年未満

	回答数	%
全　体	94	100.0
無回答○	0	0.0
対応に悩まされるようなことはない ☺	17	18.1
対応に悩まされることは生じるが、負担になるほどではない ◯	73	77.7
対応に悩まされることが頻繁に生じ、負担になっている ⊜	3	3.2
わからない ●	1	1.1

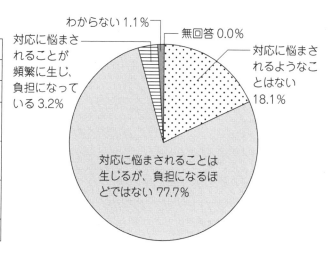

5年～8年未満

	回答数	%
全　体	102	100.0
無回答○	0	0.0
対応に悩まされるようなことはない ☺	14	13.7
対応に悩まされることは生じるが、負担になるほどではない ◯	65	63.7
対応に悩まされることが頻繁に生じ、負担になっている ⊜	20	19.6
わからない ●	3	2.9

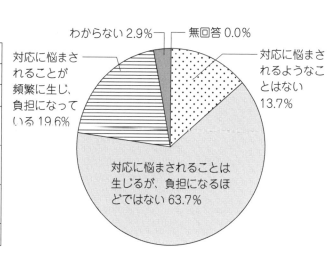

II

8年以上

	回答数	%
全　体	540	100.0
無回答○	4	0.7
対応に悩まされるようなことはない☺	52	9.6
対応に悩まされることは生じるが、負担になるほどではない⚪	379	70.2
対応に悩まされることが頻繁に生じ、負担になっている☰	97	18.0
わからない⚫	8	1.5

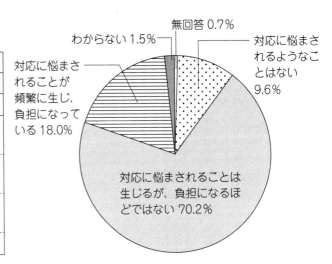

「負担になっている」と回答した割合に着目すると、運営団体別では公立51件（20%）、私立72件（13.9%）、公設民営9件（15.8%）という結果であり、公立の方が保護者対応に負担を感じている割合が高い。

規模別では、定員50名以下の保育所で12件（20.7%）と最も高く、定員51〜100名の保育所で54件（14.7%）、定員101名以上で64件（16.4%）となった。

記入者別では、役職者である主任29件（16.9%）、副主任14件（19.7%）、リーダー13件（18.6%）であるのに対し、担任52件（15%）、フリー保育士5件（10.2%）と役職者、特に中間層が全体値15.9%を上回っており（P.21参照）、負担を感じている傾向にある。

経験年数別では1年以下が1件（2.7%）2〜5年未満が3件（3.2%）程度と負担を感じる割合が高くないのに対して、5〜8年未満で20件（19.6%）、8年以上で97件（18%）と経験を重ねるにつれて負担感が増している傾向が見て取れた。

問25　あなたの園では、ICT化によりシステムを導入するなどしていますか

【区市町村別】

区　部

	回答数	%
全　体	549	100.0
無回答 ○	15	2.7
はい ○	311	56.6
いいえ ●	223	40.6

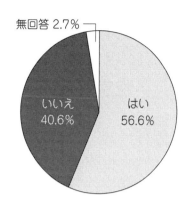

市町村部

	回答数	%
全　体	282	100.0
無回答 ○	6	2.1
はい ○	219	77.7
いいえ ●	57	20.2

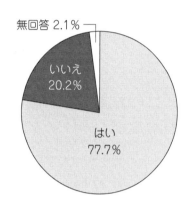

【運営団体別】

公　立

	回答数	%
全　体	255	100.0
無回答 ○	8	3.1
はい ○	128	50.2
いいえ ●	119	46.7

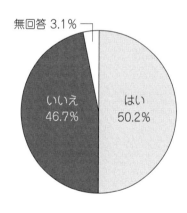

私　立

	回答数	%
全　体	519	100.0
無回答 ○	12	2.3
はい ○	366	70.5
いいえ ●	141	27.2

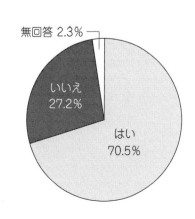

公設民営

	回答数	%
全　体	57	100.0
無回答 ○	1	1.8
はい ○	35	61.4
いいえ ●	21	36.8

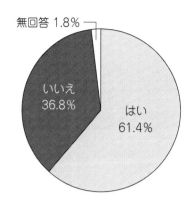

【規模別】

50 名以下

	回答数	%
全　体	58	100.0
無回答 ○	0	0.0
はい ○	30	51.7
いいえ ●	28	48.3

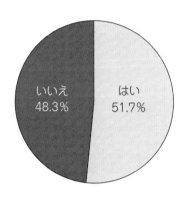

51〜100 名

	回答数	%
全　体	368	100.0
無回答 ○	10	2.7
はい ○	246	66.8
いいえ ●	112	30.4

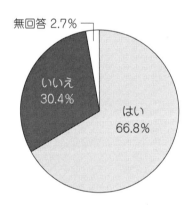

101名以上

	回答数	%
全　体	390	100.0
無回答 ○	9	2.3
はい ○	245	62.8
いいえ ●	136	34.9

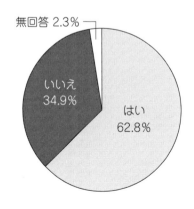

　区市町村別の割合でみると、市町村部の ICT 化率が区部の ICT 化率より 21.1％も高い数字となった。

　運営団体別では、公立が 50.2％、私立が 70.5％となり、私立が公立より 20.3％も ICT 化が進んでいる実態が分かった。公設民営は、公立・私立のちょうど間をとった数字 61.4％となった。

　上記の区市町村別・運営主体別の ICT 化によるシステム導入状況の結果は、公立が導入できるシステムは自治体の方針によって制限されていること、また公立は区部に多いため、そのような実情が反映された結果となり、23 区の導入割合が市町村部よりも大幅に低かった。

　規模別では、50 名以下では 51.7％、51 ～ 100 名では 66.8％となり、51 ～ 100 名定員の方が、ICT 化が進んでいるという結果になったが、101 名以上は 62.8％となり、規模が大きくても ICT 化が進んでいるという結果にはならなかった。

II

問26 （問25で「はい」と回答された方について）ICT化により業務課効率化し、負担は軽減したと感じますか

【区市町村別】

区　部

	回答数	%
全　体	311	100.0
無回答 ◯	11	3.5
はい ◗	143	46.0
いいえ ●	157	50.5

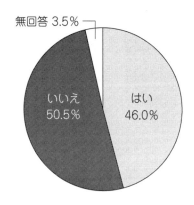

市町村部

	回答数	%
全　体	219	100.0
無回答 ◯	5	2.3
はい ◗	141	64.4
いいえ ●	73	33.3

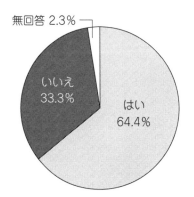

【運営団体別】

公　立

	回答数	%
全　体	128	100.0
無回答 ◯	6	4.7
はい ◗	41	32.0
いいえ ●	81	63.3

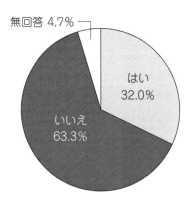

私　立

	回答数	%
全　体	366	100.0
無回答 ◯	8	2.2
はい ◗	225	61.5
いいえ ●	133	36.3

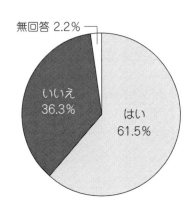

公設民営

	回答数	%
全　体	35	100.0
無回答 ◯	2	5.7
はい ◯	18	51.4
いいえ ●	15	42.9

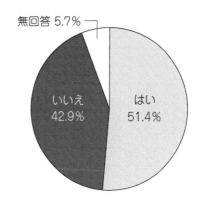

【記入者別】

主　任

	回答数	%
全　体	103	100.0
無回答 ◯	3	2.9
はい ◯	65	63.1
いいえ ●	35	34.0

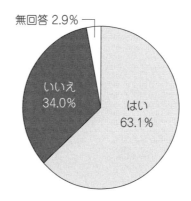

副主任

	回答数	%
全　体	50	100.0
無回答 ◯	0	0.0
はい ◯	27	54.0
いいえ ●	23	46.0

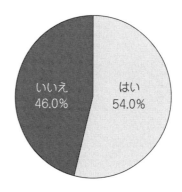

リーダー

	回答数	%
全　体	54	100.0
無回答 ◯	0	0.0
はい ◯	30	55.6
いいえ ●	24	44.4

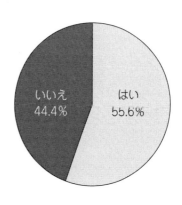

担　任

	回答数	%
全　体	221	100.0
無回答 ◯	8	3.6
はい ◓	114	51.6
いいえ ●	99	44.8

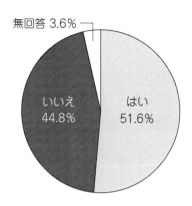

フリー

	回答数	%
全　体	28	100.0
無回答 ◯	0	0.0
はい ◓	11	39.3
いいえ ●	17	60.7

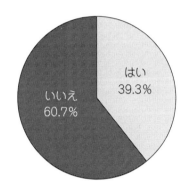

その他

	回答数	%
全　体	44	100.0
無回答 ◯	3	6.8
はい ◓	21	47.7
いいえ ●	20	45.5

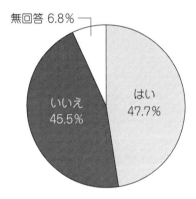

【規模別】

50 名以下

	回答数	%
全　体	30	100.0
無回答 ◯	3	10.0
はい ◓	15	50.0
いいえ ●	12	40.0

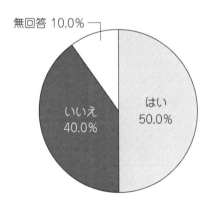

51～100名

	回答数	％
全　体	246	100.0
無回答 ○	4	1.6
はい ○	123	50.0
いいえ ●	119	48.4

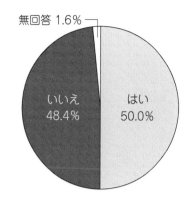

101名以上

	回答数	％
全　体	245	100.0
無回答 ○	9	3.7
はい ○	143	58.4
いいえ ●	93	38.0

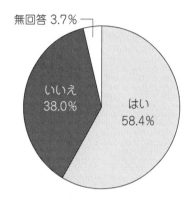

【経験年数別】

1年以下

	回答数	％
全　体	22	100.0
無回答 ○	3	13.6
はい ○	14	63.6
いいえ ●	5	22.7

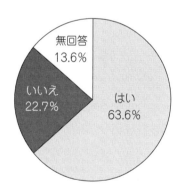

2～5年未満

	回答数	％
全　体	60	100.0
無回答 ○	0	0.0
はい ○	35	58.3
いいえ ●	25	41.7

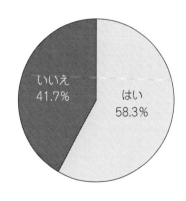

5～8年未満

	回答数	％
全　体	66	100.0
無回答 ◯	0	0.0
はい ◯	39	59.1
いいえ ●	27	40.9

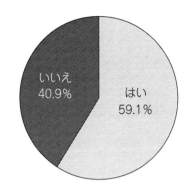

8年以上

	回答数	％
全　体	348	100.0
無回答 ◯	12	3.4
はい ◯	175	50.3
いいえ ●	161	46.3

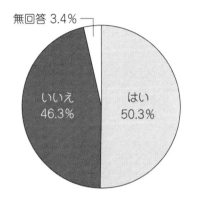

　区市町村別で見ると、問25の回答に近い数字となっており、区部が市部より負担軽減していると感じている割合が少なかった。その差は18.4％となっている。

　運営団体別では、問25以上に公立・私立の負担軽減に差が出ている。公立は32％しか負担軽減を実感していないが、私立は61.5％が実感しており、29.5％も開きが出ている。

　記入者別では、負担軽減を感じている割合はフリーが39.3％、担任が51.6％、リーダーが55.6％、副主任が54％、主任が63.1％となっている。この数字は、デスクワークの多さと比例していることが分かる。

　規模別では、50名以下、51～100名、51～100名とも、50％前後で推移しており、規模によるICT化の軽減はあまり差が出ていない。

　保育経験別では、1年以下が63.6％、2～5年未満が58.3％、5年～8年未満が59.1％、8年以上が50.8％となっている。2～5年未満と5～8年未満を平均とした場合、経験が少ない、比較的若い人程、ICT化に対応できている（63.6％）が、中堅ベテランになると50.8％となり、経験による負担軽減の差がわかる結果となった。

第2章

座談会

―調査票問33『あなたが考える「今後も保育士として働き続ける事への課題」』に対する回答結果を踏まえて―

回答をもとに、「配置基準」、「社会的地位の向上・誇り・責任」、「コミュニケーション（職員のメンタルフォローや保護者対応）」の3つの柱を立て、令和4年3月に座談会を行い、意見を交わし合いました。

＜出席者＞

増澤　正見：よしの保育園園長

織田　綾子：墨田区立川保育園園長※座談会当時

髙野真由美：渋谷区立千駄ヶ谷保育園園長

鈴木あけみ：北区立浮間保育園園長

西堀　嘉美：聖ヨゼフ保育園西原園長

伊藤　祐子：江東区立北砂保育園園長

松土　航紀：日の出保育園副園長

秦　清一郎：社会福祉法人清諒会理事長

竹内　純：すみれ保育園園長

江郷　勝哉：あゆみ保育園園長

武藤　清美：かやの実保育園園長

青野　千晴：国立保育園園長

司会：増澤

本日は、お忙しい中お集まりいただきましてありがとうございます。

東京都社会福祉協議会保育部会調査研究委員会では今回、「保育園における働き方改革と保育業務の実態」をテーマに調査を行いました。

近年、社会的には働き方改革が推進されていますが、保育園に求められる業務は増える一方で、保育現場での「働き方改革」の難しさを感じることがあります。

また、国の施策で保育現場の業務省力化のためにICTの補助が出ていますが、保育業務は対人支援が主であり、ICT化は業務量の軽減に留まっているようにも思います。

この調査を通じ、保育士の業務実態を調査し、提言に結び付けていきたいという思いからこのテーマ設定に至りました。

保育現場の皆様にご協力いただき、令和2年度末にアンケート調査を行いました。その調査結果をもとに、令和3年度1年間かけて、その回答の分析を行ってきました。

本日は、アンケートの最後に設定した設問33「あなたが考える『今後も保育士として働き続けることへの課題』」に対して得られた回答結果をもとに、「配置基準」、「社会的地位の向上・誇り・責任」、「コミュニケーション（職員のメンタルフォローや保護者対応）」の3つの柱を立て、思いを語り合ってみたいと思います。

では早速、「配置基準」について、皆様から意見をいただきたいと思います。

織田

このところ、「気になるお子さん」、要支援認定を受ける基準には達していなくても、ちょっと支援が必要な子（児）がとても増えているような印象があります。そんな中ですごく以前に設定された都の基準や国の基準が現状に合っていないのではないかということが、ずっとこの委員会の中で話題に出されていました。

やはり保育は対人支援だな、と思うことがそこかしこにあって、「もう一人手があったら、2グループに分けてもっとゆったりできるのに」とか、そういう思いがいつもあって、それが今回のアンケートの中で保育士さんの声として多く反映されていたなというのが自分の感想です。

高野

職員の産休、育休の補充までには時間を要することから、その間の体制を整えることに苦労しているのが現状です。保育の体制が厳しいと、職員は気持ちにゆとりを持つことが難しく、保育の質の低下にもつながるように思います。子育てをしながら働いている職員は、自分の子育てと仕事の両立で精一杯という状況の中、保育を充実していくためにも職員の補充に関して改善されていくと良いと思います。

鈴木

先ほどの高野先生の発言に加えて、育児休業から復帰しての働き方を選べるようになって

部分休業や育児短時間勤務で仕事ができ、子育てをする職員にとってはすごく良い待遇になってきたと思います。でも運営的には厳しいところがあって、週5日ではなく週3日勤務を選択された場合や、部分休業[1]で朝の1時間や、夕方の1〜2時間の休務についても正規職員の補填が無い状況です。なんとかやりくりしながら保育補助員に入ってもらい対応していますが、その対応してくれる職員の確保も厳しい状況です。

また、研修ではアタッチメントや愛着関係の重要性を学んで、「低年齢児にはなるべく丁寧な関わりの中で保育していかなければ」ということは分かっているけれど、実際には厳しい配置基準の中でやりくりしながら運営しているため、理想とする保育の取り組みに苦慮しています。もう一人の手があったら、子どもたちの要求にゆっくりと関わってあげられるのにと思うことがあります。

西 堀

現在の配置基準は見直されることが望ましいですが、多く配置しても悩ましく思われることがあると思います。

定数、またはそれ以上の職員を揃えても、子どもの数が減っていく現状が目前に迫っており、在籍数が定員数を割ってしまえば、せっかく職員を確保してもその体制のまま園を運営することは反対に困難になってしまうからです。

またコロナ対応においては、あまり合同保育をしないようにと保健所からの助言がありました。合同保育により濃厚接触者のいるクラスが複数になり、感染が広がる恐れがあるからです。これからはまた基準が変わってくるかもしれませんが、夏頃では当たり前のように2週間そのまま休園という形があったので合同保育はしませんでした。小さなグループになればなるほど、そこにはまた人が要るということになりました。子ども達に対してゆったりと保育するために加配のことも含めて、保育士を十分にしたいという思いと、実際それだけの保育士を集めて、入園してくる子どもが少なくなっていくという中でどうやっていくかが課題と感じています。

伊 藤

先程織田先生がおっしゃった通り、年々丁寧に見ていく必要があるお子さんが増えているように感じます。

また西堀先生がおっしゃったようにコロナ対策としてクラス保育を行うためには、通常以上の人が必要となります。

コロナ感染対策やコロナに関連する職員の休みなど、コロナ禍の運営はとても厳しいものがあります。

コロナの終息が見えない今、織田先生がおっしゃった「もう一人手があれば……」という思いを非常に感じています。

また、保育所保育指針にあるように乳児保育の大切さが謳われ、幼児教育機関としての役割や子育て支援の充実が求められる今、それを実現する上で業務内容が多く、職員の残業に

1　子どもが小学校就学の始期に達する日まで取得できる無給の休暇。
　　勤務時間の始めか終わりに、30分、60分、90分、120分のいずれかの単位で取得することができる。一日当たり最大で120分取得できる。

繋がっています。

　少子化が進む中、保育所保育指針にある役割を十分に果たすためにも、配置基準の見直しも必要でないかと思います。

松土

　私も先生方がおっしゃったように、今の最低基準はやっぱり課題かなと感じています。

　当園は、園児数が減少したことにより、運営費や東京都のサービス推進費等も減額となる結果となりました。しかし、最低基準に見合う保育士は維持しなければならず、人件費率がかさむこととなりました。行政の指導に従っているにも関わらず、収入は減少し、支出は増大したため運営が厳しくなっています。運営費を減らされているのに、一方で「定員に見合う保育士をちゃんと確保するように」と言われているので、その運営のバランスをどうすればいいのかというのをはっきりさせてほしいです。当園だけではなくて、同じ区内の他の保育園も悩みを抱えているところは多くあり、もう少し行政で何かしらの補填をしてくれないのかという思いを持っています。

　自治体独自の制度で、一部の法人が優遇されるような補助金があり、その意味合いについては園長会でも話題になっています。行政に任せてはいられないと感じることもあるので、我々がもう少し積極的に考えていかなくてはいけないのかなとは非常に感じています。

司会：増澤

　特定の補助金はそれを必要としている保育園にとっては好都合だと思いますが、誰しも同じように利用できるものでなければ「そこを付けたから他を減らします」と言われても、納得いかないと感じることは確かにあります。

秦

　先ほどから皆さんから話の出た保育士配置基準について、以前で調べたデータでは、昭和44年からほぼ半世紀変わっていないようです。衝撃的なデータです。実際に保育がこれだけ変わっている、それ以上に社会がこんなに変わっているのに、約半世紀配置基準が変わらないというのは少しおかしいと思います。市区町村もそうですけど、国が主導権を持って変えていくことが必要なのではないかと思っています。

　配置基準に関連して、問33で挙げられた回答からいろいろな課題が散見されました。例えば、職員の働き方改革もこの配置基準に突き当たると思います。あとノンコンタクトタイム。実際うちの保育園でも研修に参加したくても参加できない、保育から外れることができない、さらに会議もなかなかできないという現実につきあたります。

　先ほど鈴木先生の話を聞いて思ったんですが、片方を満足させると片方がやっぱり満足できないという状況になっているのが現状だと思います。例えば、以前私が入職した当時には8時間保育でしたが、今では11時間保育になって、保護者は便利になったと思います。しかし実際は、ほとんど補填が無いという状況です。そのため、保育園が工夫をしながら運営をしているのが実情なんじゃないかなと思います。

　また問33の自由記述中にあった「子ども主体の保育」というのも配置基準と関係します。今回の座談会での話にも出たように一斉的に「ああしなさい、こうしなさい」ってやれば、

現在の配置基準で保育できないこともないんだろうけれども、実際子どもの様子が変わってきている中では、やはり配置基準を上げていかないと厳しいんじゃないかと思います。

　水の事故や散歩での死亡事故、給食で誤飲の死亡事故などがあった場合、国はすぐにガイドラインを作りますが、実際には加配はありません。そうすると、営業ノルマのきつい会社のように、「どうにかして頑張れ」と言ってるように感じます。保育業界の先生方はすごく真面目で、一生懸命にこなそうとしている。ただささすがに行政もそこに甘えていてはいけないんじゃないかなと思うんですけど、いかがでしょうか？

司会：増澤

　確かに秦先生がおっしゃったように、子どもの気持ちに寄り添わずに一斉に指示を出すような保育のやり方というのでは、当園の保育士が「子どもをただ寝かせているだけで良ければ、定員以上に受け入れても見られます」と言いますが、それでは質の高い保育とは言えません。いろんな経験をさせるとか、学びを提供するとか、生活の中で、家庭でやりきれないところを補完的に行っていくとか。保育の理論はどんどん進んでいっているので、研修に出れば出るほど「あれもしてあげたい、これもして欲しい」といういろいろな希望が出てくるんです。でも、それも配置基準で人が増えていかないと諦めざるを得ないという状況があります。

　一方、青梅市は過疎地で子どもの人数が減ってきているので、状況によっては1歳児5人の散歩を、パートさん含めて3人で連れ出すということもあります。そうすると、地域の見回りをしてくださるような方に、「昔は1人で30人ぐらいは連れてったけどね。なんか今は贅沢だね」と言われたこともあります。「いや、そうじゃないんだけど」というような光景に出くわす時があるんです。これが地域の方だったら仕方ないかと思うんですけど、ともすると行政の上の方の方や、議員さんなど、それなりの立場にある人達が、もしかしたらそういう風に思っているのかなと思うと、もう少し現場の現状を分かってほしいなと思います。

　子どもの人数が減ってきているので、そうすると「配置基準では足りない」と言っても、「子どもの人数が減ってきているから大丈夫でしょ？」となってしまうと真逆の方向に行ってしまうという心配を常々しています。

　まだそこまで困っていない園もあるけれども、もう今から声をあげていかなければいけないのかなと思います。子どもが目に見えて減ってから議論を始めるのでは遅いと感じています。やはり今子どもが大勢いる段階でも「足りない」ということは言い続けていく必要がある気がします。

　保育に関わっていない方のイメージでは「保育者1人で10人ぐらい見られるでしょ」みたいな考えがあるかもしれませんが、本当にそこから変わって欲しいなと感じています。

　あとは、労働基準法なども変わってきている中で「保育園だから特別だよ」ということではなく「保育園であってもそこは順守をしなければいけない」となってほしい。時短勤務を取り入れたらそれ分、普通に働いている方の負担が増していって、一方で時短勤務を取っていた方も「申し訳ない」となって、結局居づらくなって辞めてしまうような状況は本末転倒と感じます。やはり先ほどから何人かの先生がおっしゃっていたように、お休みをとったり、ノンコンタクトタイムの時間を確保しても、安全に子どもを見ることのできる配置を求めて

いかなければいけないのかなと考えています。

竹内

秦先生がおっしゃった「11時間保育」というと、お子さんが起きている時間のほぼ大半を保育しているというところになります。家庭で今まで担ってきたトイレットトレーニングや離乳食など多くのことを今は保育園で担っている状況にあることを行政の方に理解してもらえるように訴えていかなければいけないのかなと思います。

また国からはキャリアアップ研修制度など「保育の質を上げてください」と言われても、結局体制が十分でなくて受けたい研修があっても受けさせることができないという問題点が出てきます。

配置基準でいえばうちの法人は理事長先生の思いがあって、各クラスが複数担任だということで今、3・4・5歳1クラス25人程度だと一応常勤が2人付いています。乳児はほぼ規定数しか配置できてないのですが、幼児に関しては他の保育園に比べれば相当手厚い状況で優遇されているのに、その現状に慣れてしまうと、それでも「人が足りない」ということが出てきます。配置基準を見直してそこを増員するという状況になっても、保育士さんには増員した過程を知ってもらわないと、「増やせ増やせ」求め出したら終わりが無いというのをちょっと感じます。あとは配置基準を上げることによって保育の連続性は担保できるのかなという心配もあります。常勤のフルタイムで働ける職員さんを探すのはすごく大変だと思うんです。ツギハギで時間だけを合わせて同じクラスを何人ものパートさんで賄っている保育園はいっぱいあると思うんですけれども、それって果たして子どもたちにとっていいことなのかな？とも思います。やはり同じ先生が1日の生活の大半を見てくれるというのが安心感に繋がるとか、そういうところも行政の方も分かっていただけるように提言に繋げられたらと思います。

江郷

来年度から子ども主体の保育をうちの園でも少しずつ取り入れて行こうかなと、今職員達と話をしています。でも皆さんご承知のように本当に子ども達が主体を持って保育をして行くとなると、やっぱり小さなグループみたいなものができてきて、それに対して保育士が1人で見るというのはなかなか難しいのかなと感じています。子ども主体の保育というのが注目されたのは保育所保育指針が変わったころで、保育所保育指針は10年に一度見直されるので、それに合わせて10年に一度ぐらい配置基準の方も見直されるといいのかなと皆さんのお話を聞いていて思いました。

武藤

配置基準って昭和の時代から全然変わっていないので、これを「変えて欲しい」という交渉、運動のようなものが以前ありました。「3歳児を15対1にして欲しい」ということを盛んに言っていたことがあって、東京都は15対1になりました。でも国の基準ではまだ3歳児も20対1から変わっていなくて、1歳児についても東京都は5対1になっていますが、国基準だと2歳児と同じ6対1なんです。これはどう考えても無理でしょと思います。東京都の基準は5対1ですけど、それに補助を更に付けている形にしています。常勤は決め

られた人数を設置しても、職員は勤務時間8時間なのに対して子どもは長時間保育の子だと11時間居ますから、1日中同じ職員が保育することはできません。なので、そこに別のパートさんを配置して午前午後別の人になってしまうけど、そうせざるを得ず、どこの保育園でもそのようにしている。その現状を訴えていかないといけないのかなとすごく思うんです。保育現場は労力があまりにも増えすぎてしまって、賃金と労働とが見合わないんです。だから離職率が上がっちゃうというのかな。給料だけを聞けばそんなに悪くないと思うんです。ただ、仕事の内容を考えると、だったら企業の方が気が楽かなと。資格で働いている仕事なのに、評価されていないと職員が思ってしまう。そういうことを無くして行きたいなという思いがすごくあります。

　それをどこに訴えて行けばいいのか。この調査結果が国や東京都に対して訴えていく材料になればいいなと思っています。

司会：増澤

　自分の保育園は過疎地域にあるので、望んで少人数になっている訳ではないのですが、たまに「少人数保育と聞いたので入れたいと思っているんです」という方が見学に来ます。要はそれだけ小集団の中で子育てをしたい。親子2人、3人とかでなくても小さな集団の中でという考え方は少しずつ浸透もしているので、基準以上に職員を配置しています。

　その中で今回の臨時特例事業の補助金、あれも基本的には9,000円というのは国基準で分配すると9,000円になるという話です。だから東京都だと、多い所で7,000円強かなという感じで、6,000円割るような保育園も出てきたりもします。しかし報道は全部9,000円と出るので、そういうところが国というか役所、行政と我々の思いが離れているのかなという思いは今、武藤先生のお話を聞きながら感じたところです。

　また「給料を上げれば保育士は増えるでしょ」と思われているところがやはり何か納得が行かず、問題はそれでは無いということはすごく感じます。

青野

　戦後すぐに決まった配置基準のまま、そのほかの規程や利用者の状況が大きく変わってきている中で、保育士の働き方改革ばかりが進んでいます。育児休暇や看護休暇は「時間で好きに取っていいよ」とか「時短勤務いいよ」とか恩恵を大きく受けられる方もいれば、そうではない方々ももちろんいます。うちはとても規模が小さいので、例えば2人担任の所は1人が時短だともう1人は朝早いか夜遅いかの毎日そのどちらかという形になってしまいます。やはりそうなると時短の先生方は保護者対応もできないことが多いので、もう1人の負担が増えてしまう状況が今年ありました。

　求められていることに対して、配置基準の増員も何も無いという状態で、人を支える仕事である保育士や保育職員達がお互いに相談しあえる余裕が無かったり「ちょっとぐらい大丈夫よ」と言ってあげられる余裕が無くなったり、いろんな働き方の職員を柔軟に許容できるような余裕が無いんじゃないかなと思います。

　法人内でもいろんな制度を作ったり、朝夕の当番をやっている先生にちょっと手当を付けたりしていますが、先ほど増澤先生がおしゃっていたように、お金をもらえればいいかと言えばそうではないと思います。保育士さんの給料はもともとそれほど高い訳では無いので、

もらえたらそれは嬉しいとは思いますが、ただ9,000円増えるから退職を止めるとか、そういうものではないと思います。このお仕事は命を守るためにもかなり責任の重い仕事なので、子どもが好きとかそういったことでやりがいを持って、子ども達のために地域や保護者のためにこんなことをやりたいという夢や献身性などいっぱい持った方々が多い中で成り立っている仕事だと思っています。そこを大変さを大変さのまま、しかも偏りのある大変さだけにしない。やりがいをみんなで分散できる、辛いけど「一緒に頑張ろうよ」と言えるような配置でありたいなと思います。なので本当に先ほど先生がおっしゃっていた通り、この報告書が配置基準を変える大きな声になるといいなと思います。保育園運営の根幹が配置基準なので、配置基準を変えればいろんなものが改善できる、配置基準が抱える課題というものは相当大きいと私は考えています。今、コロナ禍での部分休園はあっても、保育園全体は休園ということはもうありません。保育園は常時開いていて、その間に担任も体調不良やコロナで休みが出ている中でも、子ども達は朝から晩までそんなに減らずに来ているので、いろんなやりくりはしてますが、本当に厳しいなと思います。

司会：増澤

　そうですね、保育士の給料が高いのか安いのかというのは人それぞれの感じ方があると思います。

　民間企業の中にはコロナ禍で職こそ失わなかったものの、収入が減ったりだとか、ボーナスに反映されたりして、パートの保育士さんの中にも「主人の賞与が出なかったから出勤の日数を増やさないといけないんだ」という方がいました。保育業界では園児数が減ったとしてもそれですぐに期末手当や賞与が減るということは無いので、そういったことを考えると、月給だけを見ると恵まれてない部分もあるかもしれないけど、ある程度安定した収入というのは社会福祉法人であれ公立保育園であれ保育士の仕事というのはある一定のラインで保障されているのかなと感じたところです。

竹内

　青野先生の話を聞いて、ふと思ったんですが、小学校でもひと学級30人クラスが出てき始めていますが、それは今の4・5歳と一緒ですよね。やることは小学生と違っても、40人学級だった学校が35人学級に、さらに30人学級へと変化しているのだとしたら、保育業界としても配置基準の見直しを訴えていかなければいけなと思いました。

粂

　青野先生のおっしゃっていた、「命を守る」というところがすごく心に響きます。私も保育園に入職した時に先輩に言われたのが、「場面が変わった時に子どもの人数を数えるのではなく、命を数えているんだ」と言われて「なるほどな」と。子どもの命を守るために保育関係者は、日々緊張感を持って仕事にあたっていることを行政の方にもしっかりと伝わって欲しいと思いました。

司会：増澤

　今、保育士って給料が高ければいいってものではないとか、緊張感を持って命を守るとか、

そういったキーワードの部分のお話も出てきましたので、まさに2つ目の柱「社会的地位の向上・誇り・責任」に繋がるかと思います。これについて、皆様ご意見をお願いします。

竹内

　責任というと保育士の方は皆さん、すごい責任感を持って仕事に当たっていると思うんです。でも保護者の方からあまり理解が得られていないかなと個人的には思います。保護者の方と一緒に子育てしているという思いを持って、僕や保育園の職員はやっています。もちろんそれを理解してくださっている保護者の方もいらっしゃいます。でもだんだんと保育園に対する保護者の認識が単なる託児所として「保育園って子どもを預かるのが当たり前でしょ」という認識を持たれている方の姿勢が保育士さんの気持ちを傷つけているということを感じています。「お子さんのためにお母さんも一緒に頑張ってよ」と言っても、「うちはそんなことはできません」とか言うのではなくて、「命を育てるというのはすごいことなんだよ」ということをこちらから保護者の方に発信して受け止めていただいて、そういうことが繋がっていけば誇りもつながっていくのではないかと思います。保育士さんは、子どもの時は「見守ってくれる、安心をくれる存在」でずっと憧れの職業1番2番ときていると思います。でも今は、社会全体にゆとりが無いんですかね。ゆとりがあれば、もう少し他の人に気を遣ったり、見る目ができてくるのかなと思います。

青野

　本当に竹内先生おっしゃる通りだと思います。「社会的地位の向上を現場の保育士さん達が訴えている」ということが、「普段みんなでやっている仕事を理解してもらっていない」ということの裏返しかなと、調査を行っていく中で思いました。

　では、社会的地位が高いということって何だろうという話を職員としたときに、「社会的に認められているというのは、お給料が高いとかバッジが必要なお仕事とか、〝先生〟とか呼ばれる仕事なのか」という話が出てきた中で、「保育士も先生と呼ばれているではないか」という話も出ました。

　行政からは「保育サービス」と言われている部分もあり、保護者の方の中にはそのサービスが普通のサービス業のように提供してもらって当たり前と思っている方も実際にいます。だから、「お迎え時間が遅れるたびに保育園からいちいち先生から言われるのが嫌だ」という保護者の方もいたり、このコロナ禍で行事の削減をせざるを得ないことも、ごく一部の方からは「なんでもかんでもコロナのせいにして行事を変えようとしている、なんでもかんでも縮小と言っているがもっとやって欲しいとか、いろんなものが無くなっている」ということを言われたりします。私達も「その時々の状況下でできる範囲のことをしたい」という思いを毎年繰り返し発信はしているのですが、それでも必ずそういったご意見をいただくことがこの2〜3年あります。

　そのことは現場でお子さん、保護者の方と直接接している先生達は、「伝えても理解してもらえない」という歯痒さみたいなものを感じられているのかなと思います。やはり、子どもを真ん中に置いた保育だということを言い続けてはいますが、指針が変わり、コロナでそれまで当たり前だったことが変わり、その中で保護者の方に理解してもらいながら、「私達の仕事は素晴らしいのだ」、「先生達は本当に良くやっている」ということは、私達「長」の

者達がちゃんと言ってあげないといけないとすごく思いました。

　保護者の方と話をしても私はできるだけ「誰々さんは本当に良くやっています」と自画自賛でも伝えています。職員は若手から年配までいますが、年齢問わずいろんな人間性やキャリアの方がいて、足りないところはみんなで補い合っていこうと、保護者にも頑張って伝えているところです。「保育園が偉い訳でも、保護者が偉い訳でもない」という世の中にするにはどうすればいいのか。きちんと回答できないのですが、現場で傷ついている職員達の気持ちをちゃんと拾い上げていかないと、報われないと思わせてしまうのかと思うと、このままではいけないのかなと思っています。

江 郷

　2～3年前に60代70代の男性の方とお話をした時に「私は保育園で働いています」と言ったら「あぁいいね、保育園。子どもと遊んで、さっさと寝かせて、ずっと休んでるんだろう」と言われまして。冗談半分とは思いましたが本音も半分含まれているのだろうなと思いました。そういう風に保育士のことを思っている方って世の中に沢山いるんだろうなと思いました。メディアの影響もあるのかなと思うのですが、コロナで保育園が大変だった時にテレビ局が映すのは、子ども達と一緒にお歌を歌っている先生の姿ばかりで、結局先生達が裏でやっている大変なことってメディアなどには出てこないので、どうしてもそういう風なイメージを持たれてしまうのかなと思います。保育士というのは子ども達の命を預かっているところで本当に強い責任感を持ってやっており、それも保育士の誇りなのかなと思います。ではどうすれば保育士の頑張っている姿を世の中に伝えることができるのか言うとちょっと分からないのですが、本当に責任を持ってやっているということがもっときちんと伝わればいいなと感じています。

武 藤

　「先生」と呼ばれる仕事なのに、「子どもを見るのは当たり前でしょ」というような。私が若い頃、社会保障制度は「措置」と呼ばれていた時代でした。保育に欠けない時は保護者が自分で見るというのは当たり前という親の感覚があったんです。だから、仕事が無い時に保育園に連れて行くという感覚は親の中に無い。仕事が終わったら迎えに行くのが当たり前の感覚だったんです。しかし、「保育はサービス」と言われるようになってから保護者は「保育園は子どもを見るのが仕事で、私たちは保育料払っているんだから見るのは当たり前だろう」という風になってきています。そこから段々と保育士さん達が下に見られるような状態になってきているなというのはすごく感じます。若い保育士さんもそれで傷ついて、「園長、もう辛いです。なんで私がこんな辛い思いをしないといけないのでしょうか?」と言われた時に私は、「でもそれほどあなたに辛い思いをさせたのだから、本人は分からなくてもいずれ人生の中で必ずそれはその人に返るから」と。「あなたが辛い思いをした分、いつか必ずその人も辛い思いをするからと。だからあなたは人にそういう思いを与えないようにしましょう」と言いました。そうすると、「分かりました」とは言うのですが、「でも私が今辛い思いをした分がその人に返った仕返しというかその分はこれです!と園長教えてください」と言われて。「そしたら自分の中で納得できる」と言われて。「それを見たい」と言われて、「そうだよね」と。それほどまでに傷つくことがあるのだなと思いました。なんとか職員の気持

ちを吸い上げたいという思いから、私は保護者の懇談会とかに出ていって「保育の仕事は子どもを見ているだけではない」と、話をするようにしているんです。「保護者の方達の仕事は8時間で会社を出られるけど、子ども達は保護者が働く30分前に預けられて、30分後に迎えに来る訳だから、どんなに頑張ってもお母さんが働いているより多く保育園にいるんだよね」と。「それをあなたの労働と同じと思ってください」と。「子どもは保育園で遊んでいるから楽ではないのだよ」と。そういう風に分かりやすく話をしています。すると、お母さん達の中にはうるさいと感じる方もいますが、分かってくださる人もいます。保護者の方々だって、月曜日から土曜日までずっと毎日8時間労働ってないですよね。でも、子ども達はそんなスケジュールで保育園に預けられ、過労死寸前の子ども達っていっぱいいるんですよね。保育園にいれば子どもは安全で楽しく落ち着いて過ごせてると思うのは違いますよと。そういう説明をするようにしています。すると、土曜日預けた分、平日休んで子どもと一緒にいようという家庭も出てきているので。今の人って手紙を出しても読まないんです。具体的に分かりやすく説明して、聞いてくれればいいかなと思っています。自分の園の中だけでも保育士というのは、子どもを見ているだけではなくてこういう仕事をしているのだということを説明するようにしています。それで職員達が少しでも保育に対する誇りが持てればいいかなと、まずは自分の保育園からだと思ってやっていますが、なかなか厳しいなと思っています。

司会：増澤

今、おばあちゃんがお迎えに来ているというご家庭もあって、たまにその方とお話をすることもあります。娘さんの時には自分が母親として全部担っていたのですが、自営業の方ですので当然自宅兼事業所。だから家事も当然一緒にやる訳で。30年ぐらい前の話なんですが、洗濯物を干していると、役所の人がやって来て、「なんで洗濯物を干しているんだ。だったら保育園に預ける必要は無い」と怒られて喧嘩になったことがあるというようなことを、前園長である理事長と思い出話をしたりしています。

福祉事務所の職員が当時、特に自営業の方の所に廻って来て、いわゆる業務外と言われることをしていないかどうのチェックをするみたいなことがあったそうです。ただ、どこまでが業務外なのかはその人に線引きをされるものではないので分からない部分があるのですが。最終的にそのおばあちゃんが言ったのは、「今の若いお母さん達は自分のリフレッシュのために保育園に預けても文句は言われないもんね」とおっしゃっていたのを、今の武藤先生のお話で思い出しました。

織田

保育士資格は国家資格であり、本来はたくさんの科目を学ばなければ取れない資格です。でも今は「通信で6ヶ月で取れます」みたいな謳い文句がある中で、誰でも取れてしまう資格になってきているということを自分の中で感じています。自分が子どもの頃には保育園の先生というのはすごく憧れの職業でしたが、子ども達が卒園式の時に「大きくなったら何になりたい？」と聞くと、こんなに近くにいるのに「保育園の先生になりたい」という子はあんまりいないという現実を見たりすると、「やっぱり子どもが魅力を感じてくれるような職場でありたい」とも思いますし、そういうことが自分達の誇りとしてずっと持ち続けてき

たことなのに何となく薄れて来ていると、先ほど先生方がおっしゃっていた保護者の変革というものにも影響しているように思います。偉くなりたい訳ではないのですが、努力していても何も報われていない感というのはきっとみんなの中に積もり積もっていて、魅力の無い仕事になって来ているのかなと少し思っています。若い子の離職率が高いのはそういう所にも起因しているのかとか、いろんなことを考えさせられました。アンケートの中には、子どもを通して未来を育てているということを分かっていらっしゃる方ももちろん沢山いて、もっと報われて欲しいと今回のアンケートを見て感じていたので、何かいい方向にいって欲しいと思っています。

伊　藤

　先生方の努力がきちんと評価される社会であってほしいと思います。例えばコロナ禍で公立幼稚園は配信設備が整っていて、子どもの姿を配信できるそうです。

　全ての公立保育園ではないと思いますが、自園はそういった設備がないため、お便りを出したり、写真を掲示するなど様々工夫しています。

　また、本来ならば子ども同士や大人とのコミュニケーションの中で子ども達が成長していく場である保育園が、感染対策のためにそういった機会を避けるといった矛盾の中にあります。

　それでも子ども達の健やかな成長のため、誇りと責任を持って新しい保育の形を今までの経験や知識を駆使し試行錯誤をする毎日です。

　しかし、そんな先生方の努力が保護者や社会には伝わっていないように思えます。

　配信不足もあると思いますが、学校のように勉強してその成果が評価されるといった成長は社会的に認識されます。

　ですが人としての土台作りといった目に見えない保育園での成長は、まだまだ社会的な観念との相違を感じます。

　また保育がサービスという言葉に置き換えられたことも保護者の見方や評価に繋がっているように感じられ、社会的地位の向上はまだまだ難しいのだと思います。

司会：増澤

　コロナが始まって、オンラインなど公立の先生方すごい苦労されているイメージがあります。学校はオンラインが進んでいるというところで、一部の公立幼稚園では学校に順じて機械が整備されているということを聞いたことがあったりします。小耳に挟んだことですが公立幼稚園の先生と公立保育園の先生とでは待遇が違うということも聞いたことがあります。その点について、高野先生はどのような印象をお持ちですか？

高　野

　今、保育士の処遇が見直されています。賃金のことはもちろんですが、就学前の子どもたちを保育、教育する職業として、保育士と幼稚園教諭との違いなどに目を向けて、考慮されていくと良いと思っています。

司会：増澤

　以前、東京都公私格差是正事業がというのがあって、それがなくなってサービス推進費になりましたが、なんとなく「隣の芝生は青く見える」ではないですが、まだ公私の格差があって「公立は恵まれているんだろうな」という漠然とした思いがあったのですが、髙野先生と同じ公立保育園の鈴木先生、先生の勤める区では、いかがでしょうか？

鈴　木

　幼保一元化が導入されるようになった頃、公立幼稚園からこども園を１園作りました。受け入れ歳児を引き下げ３歳児クラスから運営していくにあたり職員が３か月ほど研修し、どんな風に過ごしているのか生活や遊びの様子を見に来ていたという話を聞いたことがあります。公立保育園が運営する子ども園はありません。

　先ほどの武藤先生の話は私も同じ意見で、私がこの保育業界に入った時は、保護者の方から「先生ありがとう」「先生たちのお陰で安心して仕事できる」と、感謝の気持ちを伝えてもらうだけで、信頼してもらえていると感じ、やりがいのある仕事だなと思っていました。「保育サービスを提供する」という言葉を使うようになると、「仕事がお休みの時は、家庭保育をお願いします」と伝えても、「保育料を払っているから保育園に預けてもよいですよね」という声が聞かれるようになり、子ども中心の考え方から親の子育て支援に変化している現状は少し違うのではないかなと感じたりします。私達保育士は、安全で楽しい保育を提供するためにいろいろな計画を立て準備をして活動しています。子どもから離れて仕事をする時間ノンコンタクトタイムもなかなか取れずに一生懸命日々頑張っている職員の姿を社会から認めてもらえたら嬉しいです。

西　堀

　社会的地位の向上ということを考えた時に、乳幼児期の子ども達の育ちには家族以外の私たちが専門職として責任を持って関わっていくことが大切なのだと社会にその重要性を訴えていくことが必要だということを常々思っています。

　コロナ禍で保育士がどれだけ感染対策に努めていても、腰を折られるようなこともありました。保護者の方、職員それぞれに、お互いに家庭があって様々に背景があることを伝えていくこと、またコロナ禍での職員の心のフォローも私の役目なのだと思いながらやっております。

松　土

　保育士の社会的地位や責任の改善するのでしたら、先ほどからお話が出ていますように、世間で思われているイメージと実際の保育現場とのギャップをちゃんと訴えていかないといけないと思います。娯楽施設のサービスと学校や社会福祉施設のサービス。同じサービスと言われていますが、全然性格が違うので一緒にはならない訳です。サービスならサービスと一括りにされてしまって、「お金払えば何をやっても私の勝手でしょ」というのが利用者の考えになっていると思います。保育業界で規制緩和が行われてから保育の性格が変わってきたように思います。社会全体的に「保育園にはお金払っているんだから、保育士さんは子ども預かって見てくれるのが当たり前みたいな考え方が出てきているのかなと思っています。

そうではなく、子育ては保護者の方がやって、我々はその支援だということをこういったアンケートや議論での声というものをもっと社会に訴えて行きたいなと思いました。

竹内

規制緩和により保育園が多様な経営主体により運営されるようになっていき、元々は「子どもに対して」のサービスを競ってきたはずが「保護者から見た利便性」を重視するところが増え、競っているものが違ってきたのかなと思います。本来はやはり「子どもに対して」のサービスを重視することが保育園の在るべき姿だと私は思いますが、それを保護者に訴えても、保護者自身は自分の利便性の方が受け入れやすいのかなと感じました。

秦

竹内先生が利便性というお話をされましたけど、私が保育現場に勤め始める以前に他業界にいた頃は上司からユーザー第一主義を教わりました。その考えが保育園に馴染むかというとなかなか馴染まないと思います。先ほどから話の出ている「保育サービス」のとらえ方についても同意見です。保育園と保護者は、「預ける／預かる」という対等な立場だと思います。実際に保育園では、通常の保育以外に障害児保育やアレルギー児対応、あと虐待対応、子ども主体の保育に加えて保護者支援とか地域支援も含めて業務は多岐にわたっています。新年度で2歳児から3歳児に上がった時、保護者から「連絡帳が無くなったんだけど」と言われたことがありました。私たちは育児日記書いている訳じゃありません。「3歳児では必要な時に必要なことをお伝えし、そして必要に応じて連絡ノートを使います」という話をしても、それでも「書いてくれ」と要望が多くて、説明をしても理解してもらえない。これも継続して言っていかなくてはいけないんだろうなと思います。全体の意見の中で皆さんのお話をまとめると、私は保育士は養成校で学んで現場に入ってきているティーチャー（先生）だと感じます。社会もそれはちゃんと考えて、保育は「サービス」という視点ではなくて子どもを視点に考えて欲しいなと思いながら、今までの分析を読んでいました。

司会：増澤

保育士の社会的地位の向上というところで、先ほど高野先生から公立の幼稚園のことも含めてお話をいただいて、その続きのようになるのですが、ある園長先生が以前おっしゃっていたことを思い出しました。「保育園の先生も幼稚園の先生もみんな同じように養成校で勉強して〝子どものために″という思いを持っていたはずなのに、どうして行き先がちょっと違っただけで考え方がこんなに違ってしまうのかな」と言われていました。

昭和の頃というのは教育を求める人は幼稚園を選択し、「働かないと」という人は保育園に通わせるという感じだったのかなと思います。株式会社保育システム研究所　代表取締役の吉田氏が『遊育』などで出すデータでも、確かリーマンショックよりちょっと前で幼稚園と保育園の子どもの利用者数が逆転するというようなデータを出されていたかと思います。幼稚園はバブルが崩壊する頃から右肩下りで園児の利用者が減り続けていて、保育園の方はそれに反してその頃から右肩上がりで利用者が増え続けているそうです。少子化になっても保育園の方は利用者・利用率ともに増えているというデータが出されていたかと思います。保育所保育指針も改訂された中で、1番新しい指針では、幼稚園の教育要領と保育指針

と、認定子ども園の要領、３つそれぞれ遜色のない物にしたんだと言われているにも関わらず、何かいまだに行政の考え方がまとまっていかないというところに不思議な思いをしています。

中学生の職場体験では、保育園や幼稚園が、ものすごい人気がありました。遊んでいればいいんだなと思って来ているんだけど、いやそうじゃないんだと、当時の主任が伝えていました。「命を守る仕事なんだよ」、「その命というのはただ事故を起こさないというのではなく、日常の掃除でも、赤ちゃんなんかが床をペロペロ舐めちゃったりしてもきちんと消毒したり、寝っころがって埃を吸い込まないようにしている」と言うと、すごい仕事なんだなということを感じてくれていました。職場体験の受け入れも１０年続いたら体験に来てくれた子ども達の体験記を学校で読んで来るようになりました。「そんな風に自分達も守ってもらっていたということに感動しました」といったような子が、「保育士ってすごい仕事なんだ」、「自分もやってみたい」と思ってボランティアに行ったり、職場体験先として希望を出して決めたりということも出てきています。

やっぱりその下の世代に向けてのアピールというのも必要だし、今まさに親世代、その上の世代、いろんな形で意義のある仕事なんだということをアピールしていく努力を我々もしていかなくてはいけないと、そこに行政ももちろん協力をしてもらわないとなかなか社会的評価が上がっていかないと先生方のお話を聞きながら思ったところです。

師　岡

奥多摩町は保育園が２園で、幼稚園が無いんですね。おじいちゃん、おばあちゃんも多くいて、その中で子ども、孫達を育てていて、幼稚園は教育的で、保育園は遊ばせていればいいという感覚があったりします。なので奥多摩では、ただ遊ばせるのではなく、「考えながら何かをする」というのはやっていました。

もともと私は幼稚園の仕事をしていて、それから今の保育園にきたのですが、最初に幼稚園に就職した時には、隣のクラスには負けたくなくて、自分のクラスさえ良ければという思いで仕事をしていました。そこで今の保育園に来てみたら、隣のクラスもみんな職員同士が仲がいいんです。困っていると助けてくれて、子どもの生活という感じはしましたが、私もリラックスして仕事ができたと感じました。保護者に対しても、共に子どもを育てようというスタンスなので、何か温かさをずっと感じていました。

竹　内

ちょっと思い出したのですが、昭島市の岩崎先生が委員をやられていた時に、保護者の方に保育園を理解していただくことを目的に、パパさんの保育士体験をやっていて、お父さんに、活動に参加してもらったり、一緒に食事をとったり、という半日のプログラムの取組みをされていて、そのアンケート結果や感想を聞かせてもらったのですが、「保育士さんって大変なんですね」という感想があるそうです。お父さんってなかなかお迎えなんか来られなかったりしますが、そのプログラムによってお父さんに保育園の大変さとか保育士さんの大変さとかを理解してもらって、保護者の方から保育園に対しての理解が深まったというような話をされていたのをちょっと思い出しました。これからは保護者の方に対して「保育園ってこういう場所なんだよ」と、直接保護者の方にアピールしていかないといけないと思いま

した。

司会：増澤

それでは３つ目の柱「コミュニケーション」に移ります。

秦

アンケートの問29の回答結果でちょっとびっくりしたのですが、職員間の対応で悩ませる結果として、保育観の相違20.8％、特定職員との関わりが17.3％、協調性の不足が16.7％、価値観の相違が16.5％と、合わせて70.8％の方が何かしらお互いの思いや考え方を受け入れられずに人間関係で困っているということでした。先ほどの配置基準とは反比例すると思うのですが、人がいればいるほど悩むケースというのも増えてきているのかなと思ったりしています。本来であれば対人支援の仕事であれば、自ら気づいて助言をしていくということが仕事ではあるのですが、職員間の中でも気づけないとか、気づくことができないケースもあるのかなと思ったりします。これが職員間のコミュニケーションの課題ではあるのかなと思います。また、保護者対応というのは本当に深いテーマだと思います。実際に２番目の討議の柱とも関連して来るのですが、保育園や保育者に対する保護者の要望というのはどんどんエスカレートして来ているのかなと思います。その辺りについては、行政がある程度の線引きをしていただけたらと思います。

松土

コロナに関してなのですが、園児が発熱等の症状があり、保護者に医療機関の受診を依頼しました。その時点で正式な陽性とは判定されていなかったため、タオルや寝具類の荷物は渡しませんでした。その後、正式に陽性の判定が出たので荷物を返却したところ、保護者より「陽性とわかっていてその荷物を預かっていたというのは衛生管理ができていない」という意見がありました。保育園としては正式な陽性判定が出るまでは自宅待機の要請はできない旨を説明しました。

不安を感じた保護者から厳しいことを言われた時に、園としてある程度の方針、それをしっかりしておかないと保育士もただ叱られてへこんでしまって、当たりどころの無い気持ちを抱いて苦しんでしまうということを最近すごく感じています。

司会：増澤

ちなみに普段、コロナでなければコミュニケーションに困るというようなことはないのですか？

松土

もちろん他のお叱りだったり苦情だったりもあるので、それには臨機応変に対応はします。それもある程度保育園の指針として立てておかないと、職員のメンタルケアと言いますか、コミュニケーションや意思疎通というのはすんなりいかないのかなと思います。それはコロナを経験して改めて感じました。

　コロナの感染が流行る前までは集まっての会議等で、職員間のコミュニケーションをどう図って行ったらいいのかをリーダー層で話し合ったことがありました。そういった会議の場では先輩や経験者が喋ると若い人達は何も喋らず黙ってその会議に参加するだけみたいになってしまうので、そうではなく自分達の考えを伝えられるようなコミュニケーションの場を作らなくてはいけないのではないかということで、同年代同士のグループ討議の場を作って、若い人達だけのグループ、中間職、リーダー層と分かれたグループで、同じテーマで話し合いをして、最終的に出し合うみたいなことをしました。まずはその会の中で一回は発言するみたいなところから進めて行って、その試みでだいぶ改善されました。でもコロナになってからそういった場が持てなくなってしまって、全体での会議もどうすればいいのか、日々のミーティングもやれなくなってしまったので、パートさんにも入ってもらって職員全体のグループ LINE を作って、事務連絡を全てそれでやるようにしました。その結果、業務連絡漏れは無くなったのですが、職員の自己評価表の中に、職員同士のコミュニケーションが取りづらい、話し合いができないから「このままでいいのだろうか」など、不安な気持ちを上げてきている職員が結構多かったんです。でも私から見る限りでは、お互いに話ができないから気遣おうとする。隣のクラスはどうかというのを理解しようとお互いがしている。なので、対話はできなくてもコミュニケーションは取れていると感じていました。それを職員に、「みんなは心配しているけれども、お互いに話ができないから理解しようとみんな努力しているよねと、それがお互いに伝わっているからそんなに心配しなくても平気だよ」と話をしました。そういう、「大丈夫なんだ、安心なんだ」という気持ちを園長は伝えて行かないとどんどん不安になってしまうので、「そういう不安は分かるよ、でも私から見たら心配な部分は無いよ」と言ってあげたら、「大丈夫なのかな、ならば会話はできなくても LINE でやりとりしてみようかなとか、パートさんにも分かりやすいように具体的に会議記録を書いてみようかな」というような努力が見られて、コミュニケーションの取り方はコロナのことがあってから、相手を思う気持ちというものが深まったような気がします。そこはメリットの部分だなと思っています。

　職員の気持ちがどんどん落ち込んで行ってしまうので、卒園した保護者の中に、音楽を使って心を少しリラックスさせるという心理カウンセラーの方がいらっしゃったので、その方に相談して音楽セラピーをお願いしました。少人数でやりたいので月に２回来ていただいて、１回につき 30 分ぐらいなのですが、そこに参加して音楽に合わせて体をリラックスさせて、現場から離れて 30 分間リラックスするという時間を作りました。そのおかげで少し前向きになっているかなと思います。

　どうしても難しい保護者対応とかがあるので、第三者に悩みを聞いてもらえるという場を作り、心理カウンセラーですので希望すれば個人的な悩みも聞いてもらえるのですが、全員がそれを希望する訳では無いですが、私の方で気になる人には「ちょっと受けてみれば」と助言もして、少し変わってきたかなという感じです。やはり園長として働きかけて行かないと、コミュニーションというものは職員に任せておいても難しいのかなと思います。

　うちの職員の多くは長く勤務しています。なので新しく入ってきた若い職員が輪に入りや

すいように、話しやすい人となるべく付けてみるとか、グループ作業みたいなところも、いつも同じ人にならないように組ませるとか。色々とあの手この手で職員間のコミュニケーションは対応しています。保護者の対応は朝、幼児と乳児の担任が出ていて、あと主任と私が交代で出ていて、朝ちょっといつもと違う顔をしているなと思われる方とか、お話したいなという方には、「どうですか？」というような声は掛けるようにしています。結構雑談はするようにしています。

織田

　保護者対応は何かあったら、いわゆるクレームとか苦情があったら直接園長に言ってくださいと伝えていいと職員に話しています。でも十中八九私の所には来ないです。担任の方が話しやすかったり、担任だから言えること、担任だから甘えてもいるのかなとか、そういうこともあると思います。保護者のことだけで保育が埋まってしまうことがないように職員側に配慮することが自分の仕事だと思っています。自分は長くこの保育園にいるので、保護者の傾向のようなものも分かってきて、「この方がいらしたらこのような配慮をするように」とか保育士に情報や助言を流しておいて、いきなり対応するのではなく、時間を置いて、「園長と相談しますから」と伝えるのだよと話をしています。

　職員間のコミュニケーションをどうにかして取りたいという思いがあって、用務さんや栄養士さん、非常勤と呼ばれている短時間の方も正規職員もみんな混ぜこぜにして、3年ぐらい前から「保育を語る会」というものを立ち上げました。3、4人のグループ分けをしてテーマは私たちが研修で伺ったような内容だったり、本で良い記載があったのを引用して感想を話し合ったりします。これは結論を出すことが目的ではなく、話をし合うことが目的なので、テーマは何でも良いのです。用務さんが見ている視点というものが、私達が見ているものとはまた違って、すごく良く見ていてくださっているなとも知ることができています。また毎日の勤務体制では、正規職員と担任と非常勤職員の資格を持った職員と、あと資格のないパートさんも入っていたりするのですが、保育を一緒にした人達と今日の保育はどうだったという振り返りを10分でもいいから話をして欲しいと頼んで、今年の途中からやっています。お互いに感謝し合ったり、保育はみんなでやるものだという意識に変わってきていると思います。

高野

　コロナ禍になってからは職員間の会話が減ってしまい、食事も極力短い時間でとりましょうということもあり、職員間のコミュニケーションを取ることの難しさを感じています。例えば意図的に『雑談をしましょう』という時間を設けて、保育の話に限らずいろいろなことを話せる時間を作る等の工夫も必要と考えています。また職員のメンタルヘルスというところでは、保育士や公務員に対して持っていたイメージと実際に働いてみての違いを感じ、なかなか切替が難しい職員もいるようです。先ほど武藤先生のお話で職員との連絡ツールをSNSでということでしたが、職員の中でもそれを便利と考え、お休みの時も連絡をしたいという職員もいれば、休みの日は仕事の連絡はしたくないという職員もいます。いろいろな考え方を持って当たり前なのですが、調整していくのが難しいと感じています。

　今、何かいろいろな事情で急に業務連絡したい時は皆さんSNSを活用しています。担任同士のグループラインの中で気軽に連絡を取り合って調整しています。昔と比べたらものすごく便利な社会になったと感じます。しかし、このSNSの活用も勤務時間外での対応となり嫌だと感じる方もいます。「業務連絡は、仕事している時間帯に行いたい。」「休みの日まで仕事のことを持ち込みたくない。」と思っていてもなかなか言い出せない職員もいるようです。そこで、保育課より「急に業務に支障が出そうな際には、園長または主任に連絡を入れる」ということを基本にしながら、お互いに気を付けてやりとりしていきましょうという話があり、職員一人ひとりがコミュニケーションの取り方について振り返るきっかけをいただき、働きやすい環境になったのではないかと思います。

　また、保護者からの苦情の中には「ちゃんと〇〇先生に伝えたのに、△△先生に共有してもらえてなかった」「連絡帳に書いたのにサインが無かった、読んでもらえているのか」というお声をいただきます。職員同士の情報共有の仕方については、昼休憩の時間に子どものことを話題にしたり、夕礼の時間を確保してその日1日何があったかを各クラスから一言ずつ報告をしたりするようにしています。

　また、怪我の対応については、「お風呂に入ったら噛みつきの跡があった」「怪我をしていたのに報告を受けてない」「連絡帳に書いてなかった」「口頭での報告と連絡帳にも記入してほしい」という要望などもあります。保護者の方々に安心して預けてもらえるように、職員はちょっとしたことでも怪我報告用紙を利用して、いつ・どこで・どうしたのか・どんな処置をしたのかなど経過を追って丁寧に記録しています。また、お迎えの際には誰に報告して、保護者が何と言っていたか、再発防止のコメントを記入しながら保育を振り返っています。その用紙が毎日たくさん溜まっていく状況です。職員は、日々の保護者対応に1番難しさを感じているのではないでしょうか？

司会：増澤

　純粋に同じかどうかは分からないのですが、うちもヒヤリハットとか書くのですが、本当に人それぞれです。経験が有る・無しではなく、それぞれの価値観みたいなことを保育園のやり方とかの整合性をつけて声を掛け合っていくのかなと今聞いていて感じたところです。

青 野

　他の先生方の保育園での対応がとても参考になりました。コミュニケーションというところでは、自分の仕事とかが中断、削られることはありますが、基本的には「聞きたいことは何でも私に聞いて」ということで、職員室に入りやすい雰囲気だったり、何でも言いやすいような雰囲気作りは心がけています。規模がそれほど大きくないので、職員さん達の関わりもそれでいいと思うこともあります。でも逆に小さい空間だからこそ人があまり居ないことで、コミュニケーションが行き詰まったりすることも実際に去年ありました。

　今、法人で取り組んでいるのがメンター制度です。クラスとかフロアが一緒じゃない、職種がちょっと違うというような、いろんな組み合わせでその制度をやっていて、一緒にご飯を食べに行って、掛かったお金は上限幾らまでは保育園が負担するからとなっています。ただ、そうしていいよとなったら、すぐにコロナになってしまったので、実質外に食べに行っ

た先生というのは本当に少ないんですけど。人って何か一緒に温かい物を食べたり、何かを共有する時って心が和らげるとか、普段つらかったこととかが癒されるとか、ポロっと一言言えただけで救われたりだとか、きっとそんなことはあると思うのです。月に何回かメンターとお話する機会を設けた時には、子ども達の見えない所で2人で話をしたりとか。

　最初は「業務の時間が削られる」ということや、これに携わらない先生から不安の声もありましたが、今ではそのひと時を楽しんでくれているグループもあります。新しい人や新卒も経験者も、保育園の雰囲気に早く馴染んでくれたり、いろんなことを話してくれたりということがあって、いいなと思っています。

　あとはうちでもプロジェクトチームみたいな、園庭チームとか手作り玩具チームとか、そういういろいろなチームを作って自分が入りたい所に入って、色々と意見交換をしながらの話し合いの場にもなっています。

　ヒヤリハットも書式があるのですが、書式があるがために書きにくくて、なかなか進まないというところもあります。報告に来る時とか、「これってヒヤリハットだよね」という時にはすでに改善案とか、「こうしよう」という話は結構出ているので、それはそれでクラスで別に記録したりみたいなことはあるようです。なのでうちでは何を怖いと思ったのかは人によって違うという考え方の元、例えば「ボールペンって危険よね」という人もいれば、「え？危険ってどういうことですか？」という人もいるので、うちはヒヤリヒヤリノートみたいな、みんなが怖いなと思ったこと、まずかったねと思ったことを、1つずつ気軽に書いて共有して行こうということにしています。ヒヤリハットと書いていることは同じなのですが、そういった共有をしていった結果、言ってくれてありがとう、書いてくれてありがとうという良い雰囲気になってくれています。

江 郷

　コミュニケーションということで、うちでは職員会議が全員参加ではなくて、乳児の担任から何人、幼児の担任から何人という形で行っています。なので、そこに出て来ない職員はなかなか意見が言えないということがありました。参加するのはベテランの職員が多く、若手の先生は職員会議に出ることが非常に少ないです。ただ若手の先生でも本当にいろんな意見を持っているという話を聞きまして、それで1年に2回なのですが全職員が集まって会議をすることにしました。ブレーンストーミングと言いまして、ポストイットに書いて模造紙に貼っていくというような会議方法があるのですが、意見をポスイットに書いて表明できるという手法です。そうすると若手の先生の意見も引き出せるという試みも今年やってみました。結果的にはいろいろな意見が出て、それを来年度の改善に向けて繋げて行こうということになりました。

　来年度はバディ制度、青野先生のおっしゃっていたメンター制度のようなものかもしれませんが、取り入れていこうと思っています。来年新規職員が2人入りますので、そこに年齢の近い先生を一対一で付けて、相談に乗ってもらったり指導してもらったりだとか、新人が話やすいような制度を導入しようと今計画しているところです。

　保護者とのコミュニケーションは、最近難しい保護者は少ないのですが、お迎えが遅いお母様で、その日噛みつきがあったことを職員がお母様に伝えたところ、ちょっと怒り気味になってしまったということがありました。どういう状況だったか聞かれたのですが、状況を

よく分かっていない職員が説明をしたために、お母様の怒りに油を注いでしまったというところがありました。そういったことはしっかり改善しなくてはいけないと、噛みつきがあったら状況を把握している職員が説明をして行こうという話になったかなというところです。

　あと、ヒヤリハットも今お話しが出たので伝えておこうかと思うのですが、ヒヤリハットって書き手が変わってしまうと、客観的に物事を捉えられる力や文章力などで、伝わり方が変わってしまうことがあるのです。また記入者がヒヤリハットを報告すると、必要以上に罪悪感を感じてしまうこともあります。そこでうちの場合は文章の統一性や保育士の負担軽減のために、看護師が記入から報告までを一貫して行っております。ちなみに報告は翌日の朝礼にて行います。出勤時間がバラバラな非常勤職員にもヒヤリハットに目を通していただきたいので、非常勤職員が毎日使用するタイムカードのすぐ横にヒヤリハットを置く場所も確保しております。ヒヤリハットにするかどうかどうかも、私や副園長や主任とかが看護師と協議して決めています。

竹　内

　うちの保育園はコミュニケーションが少し課題になっているように感じています。職員のメンタルフォローや保護者対応については、児童相談所に勤務経験のある臨床心理士に月1回地域の育児相談という形でもともと地域向けのものですが、ずっと来てもらっています。その中で職員が自分の部屋の気になる子の相談をし始めて、対応の難しい保護者の相談もするようになっていきました。児童相談所で保育園のクレーマー以上の対応を経験している方が、保育士に語ってくれているので、「そういうタイプはこういう形で対応すれば丸く収まるわよ」と軽く言ってくださって、そうすると結構落ち着いてくれるという例が結構あります。

司会：増澤

　皆様ありがとうございました。では最後に一言、今回のアンケート調査から集計分析の作業を踏まえて一言いただければと思います。

織　田

　右も左も分からないまま調査研究委員会に入って、アンケートの回答結果を分析する中で、こんなに保育士の思いが詰まっていて、それが目の前で数値として見られるという作業が、自分が今まで考えていたことがハッキリとしたような気がします。本当に有意義でした。ありがとうございました。

高　野

　今年度初めて委員会に参加させていただいたのですが、自分が答えていたアンケートの集計にまさか携わるとは思っておらず、本当に色々な意見が出てくるのだなということを改めて知ることができました。また自分の視野がすごく広がったと感じています。公立も私立も、知らないことも多く、皆様の色々な意見を聞けて良かったです。ありがとうございました。

鈴木

今回初めて調査研究委員会に参加させていただきました。アンケート調査の結果を読んでいくと、本当に保育士という職業は、子どもをただ預かるだけでなく、一人ひとりの成長発達を把握して丁寧に関わろうと努力していたり、保護者対応に悩まされていたり、危機管理や災害対策、感染症対応など、やらなければならない仕事が沢山ありますが「子どもが好き」だからこそ頑張れているんだなと感じました。保育園経営の部分では知らないことも多く、皆さんの貴重なお話を聞くことができてとても勉強になりました。ありがとうございました。

松土

私は任期が2期目ですか、ここに参加させてもらって、皆さんのお話を聞いて本当に勉強になりました。いろんな自治体の状況や、各保育園の園長先生のお話、対応の仕方などを聞かせていただき大変勉強になりました。

竹内

皆さん、ありがとうございました。僕も任期2期目で、まずテーマから決めるところから始めて、その中でコロナ禍に入って足踏みをした時期がありましたが、保育士さんの働き方改革や職員配置の見直しとかを提言し、改善に繋がって行けば、やった成果かなと思います。本当にいろんなお話を聞いたり経験をさせていただいて、僕も自分の中ですごく役に立っていることもあります。また新しいテーマを決めて新しいことにチャレンジして行ければいいなと思います。ありがとうございました。

青野

私も今年度2期目ということで携わらせていただいて、すごく勉強になりました。委員会の中で他の地区の先生方とお話をしたり、色々な情報をもらう中で、コロナで結構辛いなと思う時期に他の保育園の園長先生達が本当に頑張っていらっしゃって、いろんな工夫やこんなことやあんなことができるよということを情報提供いただいたり、参考情報をいっぱい聞けたということが、コロナ禍でもくじけずにやっていけたのが大きな一因かなと思っています。

まだ当面コロナは続くと思いますし、保育士さん達の現場の生の声が、数字とか大きいまとまりになるというのは元現場にいた私としては非常にありがたいと思います。今後も現場の職員達がより良く働けるように、子ども達のために良い保育が提供できるようにいろんな調査ができるとまたいいなと思います。

江郷

私は東京都民間保育園協会の青年委員会にも属していますが民保協では私立保育園しか所属していないので、東社協の保育部会は公立の方も含めて色々な方と一緒に活動でき、本当に勉強になったなと思います。本当にありがとうございます。

武藤

私も2期目で保育士さん達の働き方改革ということで保育士さん達の生の声を聞けて、そ

れを数値化して皆さんに報告できるという場に携われたことに、本当に感謝しています。知らなかったことがいっぱいあったので、集計の仕方、クロスを掛けるなども分かっていない中ですごく勉強させていただきました。zoom で意見交換ができて、まとめていけるというのはすごい時代になったなと思います。zoom の会議は他でも色々やっているのですが、この部会ほど活発な意見が出る所は無いです。ですので、自分が参加する時に、どんなことを喋ろうかとかある程度予習するといったような意気込みのようなこともあって、すごく意欲的に参加することができました。本当にありがとうございました。

師 岡

アンケートって記入が面倒だったり、内容によっては、書くことなんかもどうでもいいと思ったりもすると思うんです。でも、この委員会では先生方が集計結果を１問ずつ丁寧に分析していて、こんなに考えていただいているんだな、素敵な委員会だなということを仲間の園長達にも伝えて、これからアンケートをもう１度丁寧に書いてと職員に伝えるといいのかなと思いました。気軽に意見が言えて、質問もできて、良い機会になりました。ありがとうございます。

秦

初めて事務局から調査結果を渡された時「自由記述がこんなにあるんだ！」と思ったのが正直な気持ちでした。委員の先生方のご意見とともに、現場の保育士の生の声を分析できたということ、とても貴重な機会だったと思います。委員長はじめ各委員の先生方と力を合わせて報告書を作るということは本当に素晴らしい経験をさせていただきました。ありがとうございました。

司会：増澤

本当に色々ありがとうございました。これまで調査研究委員会に関わっていなかった私が突然何も分からないまま委員長になって、１期２年のところ途中でコロナがあり、zoom で進めなければならないとか分からないことだらけで進めて来させていただきました。

分析作業の時はグループを３つに分けたということもあって、公立の分からない所は鈴木先生に、Ｃグループは副委員長の立場の先生がいなかったのですが竹内先生に無理を言ってまとめ役をお願いしたり、委員会の経験の長い秦先生をはじめ、活発に熱い意見を言っていただいた委員の先生方に助けていただいてここまで進めることができたなと思います。

今年度から地区委員になった先生は調査内容の詳細も知らないままに意見を求められてという無茶振りもあったと思います。分析をしながら、たくさんの保育園の情報を互いに交換できたことは、私の財産になると思います。

私が園長になった 10 年前と比べて子どもと遊んでいる時間は明らかに減っています。今は園長先生が保育に入るときには、遊びにふらっと入るのではなくて、戦力として必死になって入って行かなくてはならない状況も多いです。でも本当は遊びの中で成長していく子ども達の手助けができればいいのかなという思いを持っておりますので、そんなことに繋がる調査報告書ができ上がればいいなと思います。本日は数々の貴重なご発言をいただき、本当にありがとうございました。

第3章

総　括

I　提　言

Ⅰ　提　言

1．職員配置基準の見直しを

今回の調査結果から、職員配置基準の見直しが、今後の保育士の働き方の課題解決にむけて、大きな意味を持つと考える現場の保育士がとても多いことがあぶり出された。

保育の現場からは、日々の子どもに対しての保育にあたるだけでも勤務時間の大半が過ぎるなかで、前回の保育所保育指針の改定に伴い、質の高い保育を提供するための準備、記録等が勤務時間の中で十分にとれないという声があがっている。

更にいえば、保育士に求められている事柄が増えてきた中で、負担も大きく増え、離職せざるを得ない状況にまで追いつめられる保育士、またその不安を抱えたまま業務を行う保育士も増えているということが調査から浮かび上がってきている。

要因としてはまず、保育の需要が多岐にわたってきた中で、延長保育など保育の長時間化に対応したことで、保育士の勤務時間、特に時間外勤務や持ち帰りの仕事が増えたことがあげられるだろう。

調査研究委員会で調べたところ、保育所職員の配置基準（最低基準）は、1968年に3歳児と4〜5歳児の配置が分けられてから後、改善はされていない状況にある。

また、午睡中やプール遊び、散歩中の事故が報告される度に、ガイドライン等が発出され、安全管理の徹底がうたわれるが、そこに対する人員配置が増やされるわけではなく、現状の配置基準で対応している状況である。もちろん各施設でパート職員の補充などできる限りの努力をしてはいるが、子どもの生命を守るという責任を考えると、任せられる人材も限られる中で、非常に脆弱な現状と言わざるを得ない。

海外に目を向けてみると、0歳児の3：1こそ平均的といえるが、1〜2歳で概ね3：1から5：1という基準の国が多いようであり、3歳以上児だと10：1から15：1という基準が先進国では大半のようである。家庭が負担する保育料や、有償の保育サービスの利用率などその国ごとの事情もあり一概に比較はできないが、単純に大人と子どもの人数比だけに焦点をあてると、我が国の保育士は先進諸国に比べ大きな負担を強いられているなかで、それでも真摯に子どもと向き合ってきたのではないだろうか。

余裕のある人員配置は、調査で浮かび上がってきたノンコンタクトタイムの確保にもつながり、より質の高い保育が提供できる基になるはずと考える。

また、保育指針の改訂に合わせて、求められる質の高い保育を提供するには、職員の自己研鑽の時間が必要である。指針で専門性をうたうのであれば、研修の機会の確保と、それに伴う代替職員も必要と考えられる。

この他、今回の調査では、残業・有休の取得・シフト・事務時間の確保、子どもの安全管理等々、すべて職員配置基準に起因する課題が項目の上位となっている。認可保育所はすでに11時間開所が一般的であり、子ども子育て支援新制度の施行により、保育標準時間も11時間の設定となったにも関わらず、配置基準の改正はなされていない。

今回の調査は、保育士不足と人員確保が課題となる一方で、働き方改革が議論され、労働法規が改正されるなかで、単純な労働時間と給与の改善だけでは、課題解決に結びつかないのではな

いかという疑問に端を発している。現場の保育士の声から、産休、育休や有給休暇の取得など労働法規を遵守することでさらに負担が増したという声も上がっている。現状の保育士の働き方と政府が考える働き方改革に齟齬が生じている現状では、事業所がいくら努力しても保育士の負担減にはつながっていかないという現状も浮かびあがってきている。

その中で、配置基準を改正し現場の負担を減らすことが、何にも勝る保育士の処遇改善になるという意見が、この調査でも多く出されている。

現状の配置基準を上回る新たな配置基準が設定されることにより、保育所保育指針の理念に基づいた質の高い保育が確保されるはずである。また職員の離職や人員確保の課題も軽減するなかで、経験豊富で専門性の高い保育士が増えることで、保育の質の向上につながると考えられる。

2. 保護者とのコミュニケーション・職員間のコミュニケーションについて

① 保護者とのコミュニケーションのための時間の確保とともに、専門職の配置を。

保護者のコミュニケーションは、時間が足りないとういうのが実態である。保育界も例外なく法定労働時間 週40時間の業務の中でシフトを組んでおり、子どもたちの保育のほか、保護者支援も本来この時間内で担っていることになるが、保護者の就労の実態にあわせて、常に担任が朝から晩まで保育園にいることは不可能で、現状は、職員間で工夫をしながら（対面＝職員間で伝達・書面＝連絡帳の活用 など）、様々な工夫をしながら、その日の子どもたちの様子を伝えている。

この課題は、提言1にも関連することになるが、人的配置を多くする＝保育者の時間確保が出来ることにもつながるので、今まで以上に保護者とのコミュニケーションが多く取れることにより、自ずと保護者への支援が充実する形となる。

また、昨今では、支援が必要（メンタル）な保護者も増えてきつつあり、現状では、各保育園が時間を確保しながら対応しているが、保護者のメンタル支援の仕方に関しては、心理士の先生のように専門に勉強をしてきたという状況にない為、保育士にとっては、かなりの負担になっているという自由記述も散見された。このことから、小学校のスクールカウンセラーの配置のように、保育所も専門の心理士の配置・派遣を望む。

② 職員間のコミュニケーションのための時間の確保を。

職員間で感じたこと・思ったことを互いに言い合える環境は、「保育の質」に直結をするが、今回の調査結果を見てもわかるように、保育現場では、コミュニケーションを取ろうにも、時間が足りないと感じている保育者が多くいることがわかった。保育観のすり合わせもしかり、保護者支援もしかり、新人教育もしかり。

今回の調査では、ノンコンタクトタイムの実態もわかった。今後、保育の質を向上させるためには、職員間でじっくり話し合えるような時間が必要である。子どもについて語り合える場・保育を語り合える時間を確保することで、今まで以上に自分たちの保育を振り返ることができ（PDCA）、更に保育の質的向上が図られると感じる。

①②の共通として、時間の確保が課題としてあげられる。時間は作るものという意見はあるが、現在の保育を取り巻く環境を考えたとき、保育界では、現在の就労時間では、時間が足りないという問題に直面する。配置基準の見直しとともに、余裕のある時間の確保こそ、保育の質的向上

に直結するのではないか。

3. 保育士の社会的地位の向上・誇り・責任

　今回の調査から、「保育サービス」という言葉があまりに浸透しすぎて、利用者（保護者）優位のサービスを求める傾向が見えてきた。しかし、元来保育はサービスではないはずである。仮に保育を「サービス」と表現するのであれば、その「サービス」をする相手は保護者ではなく子どもであるべきと考える。そして実際に現場で働く保育士は、子どもの最善の利益の為に日々働いている。認可保育園は、託児施設ではなく福祉施設であるのだから。まず社会・行政が「保育サービス」というスタンスから、「保育は社会的支援事業」であることを再認識して、保育士の専門性を訴えて欲しいと考える。

　また、ここ数年、保育士の処遇改善が行われているものの、今回、調査研究委員会で調査した結果から、保育士が1番に求めているものは給与ではなく、保育士という仕事が社会的に評価されることであるように読み取れた。具体的には、回答に「日々保育者が裏付け（専門性）をもって行っている保育を理解して欲しい、認めて欲しい」という声が多く見られたことからも言える。これは、2018年にOECDが実施した調査で、「社会から評価されている」と感じている割合が、分析対象の8か国中で最も低く3割程度にとどまっていることともつながるだろう。保育士は保護者と一緒に子育てをするサポーターであり、共に子どもの成長を喜び合える職業である。自由記述の中には、「保護者からの感謝の言葉で頑張れる」などの意見もあった。社会からの評価（感謝）があることによって、保育士のモチベーションがあがり働く環境が良くなることにつながることも「働き方改革」だと考える。

　近年、保育園をはじめとする福祉職場のやりがいが見えにくくなっており、反対に大変そうであるといったイメージが先行しているように感じる。

　マスコミも含めて、社会全体が、専門職である保育士という職業を理解して、やりがいがある必要不可欠な職業であることを理解し、社会的地位の向上につながることを願っている。

　最後に、現場で働く保育士のみなさん、長年にわたって保育士は子ども達の憧れの職業で常に上位にいることはとても素晴らしいことだと思います。これからも子どもの身近な存在として、子ども達の憧れになるように、日々頑張ってほしいと思います。

第4章

資料編

東京都社会福祉協議会 保育部会 調査研究委員会

「保育園における働き方改革と保育業務の実態」調査票

〈調査の趣旨〉

　都内の認可保育園および認定こども園で構成している社会福祉法人東京都社会福祉協議会 保育部会では、今期のテーマとして「保育園における働き方改革と保育業務の実態」について調査することといたしました。

　認可保育園および認定こども園での日々の保育業務の実情や具体的な取組みについてお聞きし現状と課題の把握、保育園業務の実態の見える化の促進等を検討したいと考えております。

　日々保育園業務でお忙しいとは思いますが、ぜひ調査にご協力いただきますようお願いいたします。

　なお、この調査票に記入していただいた事柄は、すべて統計的に処理し、ご回答を本調査以外の目的に使用することはありません。

【可能な限り、ＷＥＢ回答フォームからのご回答にご協力をお願いいたします】

≪QRコードはこちら≫

https://t-enq.com/enq/tcsw2021

〈貴園の概要について、下記にご記入ください〉

1.（　　　　　）区・市・町・村　　保育園名（　　　　　　　　　　　　　　　　）

2. 公立　・　私立　・　公設民営

3. 園児数

０歳児	１歳児	２歳児	３歳児	４歳児	５歳児	合　計
名	名	名	名	名	名	名

4. 記入者についてお答えください。

（1）主　任　・　副主任　・　リーダー　・　担任（＿＿＿歳児）フリー　・　その他（　　　　　　）

（2）保育士経験年数（＿＿＿＿年）

問1　あなたが保育士を志したきっかけはどのようなことですか。

問2　あなたが保育士として働く前、「保育士」にどのようなイメージを持っていましたか。

問3　あなたが保育士として実際に働くなかで、働き始める前に持っていた「保育士」のイメージと比べて差がありましたか。

> 1．はい
>
> 2．いいえ　→問5へ

問4　問3で「1．はい」と回答した方は、具体的にどのような点でその差を感じましたか。

問5　あなたが保育士として働くなかで、負担に感じることはありますか。あてはまるものを、以下の「ア～ツ」から、そう感じるものを5つ回答してください。

> 【選択肢】
>
> ■**子どもたちとのかかわり**
>
> ア．怪我や事故を防ぐための保育中の対応　　イ．体調管理に関する保育対応
>
> ■**保護者とのかかわり**
>
> ウ．怪我や事故発生時の保護者対応　　　　　エ．体調管理に関する保護者対応
>
> オ．登園・降園児のコミュニケーション　　　カ．お便りや連絡ノートでのやり取り
>
> キ．コミュニケーションの難しい保護者対応
>
> ■**保育の準備や事務**
>
> ク．行事の準備や運営　　　　ケ．連絡ノートの記入　　　コ．計画書の作成
>
> サ．要録の作成　　　　　　　シ．事故簿やヒヤリハット等記録の作成
>
> ス．会議・打合せ　　　　　　セ．掲示物の作成
>
> ■**職員とのかかわり**
>
> ソ．職場の人間関係　　　　　タ．職員のケア　　　　　　チ．新人教育
>
> ■**環境整備**
>
> ツ．園内の清掃・消毒

【　・＿＿＿＿＿　・＿＿＿＿＿　・＿＿＿＿＿　・＿＿＿＿＿　・＿＿＿＿＿　】

問6　日常、休憩時間はどの程度取れていますか。規定上の時間と実態、それぞれご回答ください。

規定上：（　　　　　）分／1日　　／　実態（　　　　　）分／1日

問7　日常業務の中で「事務に係る時間」をどの程度確保できていますか。

> 1．30分未満程度／日
>
> 2．30分～45分程度／日
>
> 3．45分～1時間程度／日
>
> 4．1時間～1時間30分程度／日
>
> 5．1時間30分以上／日

問8　業務時間中に、子どもから離れる「ノンコンタクトタイム」はどの程度確保できていますか。

> 1．30分未満程度／日
> 2．30分～45分程度／日
> 3．45分～1時間程度／日
> 4．1時間～1時間30分程度／日
> 5．1時間30分以上／日

問9　時間外勤務になることはありますか。

> 1．はい
> 2．いいえ　→問12へ

問10　問9について、「1．はい」と回答した方は、どのような理由で時間外勤務になることが多いですか。

>

問11　問9について、「1．はい」と回答した方は、1か月に平均どの程度の時間外勤務をしていますか。
※申請の有無に限らず、勤務時間外となるもの
（　　　　　　　　）時間／月

問12　家に仕事を持ち帰ることがありますか。

> 1．はい
> 2．いいえ　→問15へ

問13　問12について、「1．はい」と回答した方は、どのような業務を持ち帰ることが多いですか。

>

問14　問12について、「1．はい」と回答した方は、1週間に平均どの程度持ち帰りの仕事をしていますか。

> 1．30分未満程度／週
> 2．30分～1時間程度／週
> 3．1時間～1時間30分程度／週
> 4．1時間30分～2時間程度／週
> 5．2時間以上／週

問15　保護者対応について、あてはまるものはどれですか。

> 1．対応に悩まされるようなことはない　→問18へ
> 2．対応に悩まされるようなことは生じるが、負担になるほどではない
> 3．対応に悩まされるようなことが頻繁に生じ、負担になっている
> 4．わからない　→問18へ

問16　問15で「2．対応に悩まされるようなことは生じるが、負担になるほどではない」、「3．対応に悩まされるようなことが頻繁に生じ、負担になっている」と回答した方について、具体的にどのようなことで対応に悩まされますか。

>

問１７　問１５で「３．対応に悩まされるようなことが頻繁に生じ、負担になっている」と回答した方について、どのような方法で対処していますか。

問１８　行事の準備や運営について、あてはまるものはどれですか。

　１．対応に悩まされるようなことはない　→問２１へ
　２．対応に悩まされるようなことは生じるが、負担になるほどではない
　３．対応に悩まされるようなことが頻繁に生じ、負担になっている
　４．わからない　→問２１へ

問１９　問１８で「２．対応に悩まされるようなことは生じるが、負担になるほどではない」、「３．対応に悩まされるようなことが頻繁に生じ、負担になっている」と回答した方について、具体的にどのようなことで対応に悩まされますか。

問２０　問１８で「３．対応に悩まされるようなことが頻繁に生じ、負担になっている」と回答した方について、どのような方法で対処していますか。

問２１　園児の安全管理について、日々最も注意を払っているのはどのような場面ですか。

問２２　計画書の作成について、あてはまるものはどれですか。

　１．対応に悩まされるようなことはない　→問２５へ
　２．対応に悩まされるようなことは生じるが、負担になるほどではない
　３．対応に悩まされるようなことが頻繁に生じ、負担になっている
　４．わからない　→問２５へ

問２３　問２２で「２．対応に悩まされるようなことは生じるが、負担になるほどではない」、「３．対応に悩まされるようなことが頻繁に生じ、負担になっている」と回答した方について、具体的にどのようなことで対応に悩まされますか。

問２４　問２２で「３．対応に悩まされるようなことが頻繁に生じ、負担になっている」と回答した方について、どのような方法で対処していますか。

問２５　あなたの園では、ICT 化によりシステムを導入するなどしていますか。

> １．はい
> ２．いいえ　→問２８へ

問２６　問２５で上記で「はい」と回答された方は、ICT 化により業務は効率化し、負担は軽減したと感じますか。

> １．はい
> ２．いいえ

問２７　問２５で「はい」と回答された方で問２６で選択した回答の理由を教えてください。

>

問２８　職場の人間関係について、あてはまるものはどれですか。

> １．対応に悩まされるようなことはない　→問３１へ
> ２．対応に悩まされるようなことは生じるが、負担になるほどではない
> ３．対応に悩まされるようなことが頻繁に生じ、負担になっている
> ４．わからない　→問３１へ

問２９　問２８で「２．対応に悩まされるようなことは生じるが、負担になるほどではない」、「３．対応に悩まされるようなことが頻繁に生じ、負担になっている」と回答した方について、具体的にどのようなことで対応に悩まされますか。

>

問３０　問２８で「３．対応に悩まされるようなことが頻繁に生じ、負担になっている」と回答した方について、どのような方法で対処していますか。

>

問３１　新型コロナウイルス感染症の対策で最も負担に感じることはどのようなことですか。理由も併せて教えてください。

>

問３２　新型コロナウイルス感染防止対策で課題と感じられることがあればご記入ください。（行政に対することなども含む）

>

問33　最後に、あなたが考える、「今後も保育士として働き続けることへの課題」などがあれば教えて
ください。

ご協力ありがとうございました。

本調査は令和3年2月24日（水）までにご回答をお願いします。

東京都社会福祉協議会保育部会　調査研究委員会　委員名簿

No.	区市町村名	施設名	氏　名	任期	
1	江東区	江東区立東砂第三保育園	本橋　美樹	H31.4～R3.3	
2	豊島区	池袋第二保育園	中村　悦子	H31.4～R2.3	
3	北区	滝野川北保育園	稲村　由紀子	H31.4～R3.3	
4	世田谷区	ちきゅうのこども保育園　成城	岸　葉子	H31.4～R2.3	
5	渋谷区	渋谷区立渋谷保育園	伊吹　藤子	H31.4～R2.3	
6	渋谷区	保育園うさぎとかめ	小杉　みゆき	H31.4～R5.3	
7	葛飾区	日の出保育園	松土　航紀	H31.4～R5.3	
8	八王子市	多摩小ばと保育園	秦　清一郎	H31.4～R5.3	副委員長
9	立川市	立川市立西立川保育園	沖山　和江	H31.4～R3.3	
10	立川市	見影橋保育園	森田　和子	H31.4～R5.3	
11	青梅市	よしの保育園	増澤　正見	H31.4～R5.3	委員長
12	昭島市	福島保育園	岩崎　守利	H31.4～R3.8	
13	町田市	すみれ保育園	竹内　純	H31.4～R5.3	グループリーダー
14	日野市	至誠第二保育園	高橋　紘	H31.4～R3.3	
15	国分寺市	浴光保育園	藤井　美樹子	H31.4～R3.3	
16	国分寺市	富士本保育園	滝口　幸一	H31.4～R2.3, R3.4～R5.3	
17	武蔵村山市	あゆみ保育園	江郷　勝哉	H31.4～R5.3	
18	羽村市	かやの実保育園	武藤　清美	H31.4～R5.3	
19	奥多摩町	氷川保育園	杉村　誠二	H31.4～R5.3	
20	瑞穂町	長岡保育園	野崎　孝子	H31.4～R3.3	
21	日の出町	大久野保育園	髙野　泰弘	H31.4～R3.3	
22	渋谷区	渋谷区立初台保育園	浅岡　洋子	R2.4～R3.3	
23	豊島区	豊島区立東池袋第一保育園	薬師寺　淳子	R2.4～R3.3	
24	世田谷区	大蔵ふたば保育園	狩野　信夫	R2.4～R3.3	
25	国立市	国立保育園	青野　千晴	R2.4～R5.3	
26	江東区	江東区立北砂保育園	伊藤　祐子	R3.4～R5.3	
27	渋谷区	渋谷区立千駄ヶ谷保育園	髙野　真由美	R3.4～R5.3	
28	渋谷区	聖ヨゼフ保育園西原	西堀　嘉美	R3.4～R4.6	
29	北区	北区立浮間保育園	鈴木　あけみ	R3.4～R5.3	副委員長
30	墨田区	墨田区立川保育園	織田　綾子	R3.4～R4.3	
31	豊島区	豊島区立池袋第二保育園	山口　好美	R3.4～R4.3	
32	板橋区	はぁもにぃ保育園	山下　真由美	R3.4～R5.3	
33	足立区	島根保育園	馬場　健二郎	R3.4～R5.3	
34	日の出町	宝光保育園	荒井　寿美代	R3.4～R5.3	
35	奥多摩	古里保育園	師岡　さと子	R3.4～R5.3	
36	豊島区	豊島区立東池袋第二保育園	田部　恵子	R4.4～R5.3	
37	墨田区	墨田区立江東橋保育園	小川　みゆき	R4.4～R5.3	
38	渋谷区	聖ヨゼフ保育園西原	安永　圭介	R4.7～R5.3	

「保育園における働き方改革と保育業務の実態」調査報告書

＊＊＊＊＊＊＊＊＊＊＊＊＊＊＊＊＊＊＊＊＊＊＊＊＊＊＊＊＊＊＊＊＊

発行日　　令和 4 年 10 月

編　集　　社会福祉法人東京都社会福祉協議会
　　　　　保育部会調査研究委員会

発　行　　社会福祉法人東京都社会福祉協議会
　　　　　〒 162-8953　東京都新宿区神楽河岸 1-1
　　　　　電話　03-3268-7174
　　　　　FAX　03-3268-0635

印刷・デザイン　（株）ワーナー